MAX VERSTAPPEN

MIT VOLLGAS ZUM ERFOLG

FRANS VAN DUIJN

Spaß am Lesen Verlag GmbH
einfachebuecher.de

Diese Ausgabe ist eine Bearbeitung des Buches *Max Verstappen - To the Max* von Frans van Duijn. Dieses Buch ist eine nicht autorisierte Veröffentlichung. Es wurde ohne die Mitarbeit von Max Verstappen und seinem Management produziert.

Text: Frans van Duijn
Deutsche Übersetzung und Redaktion: Spaß am Lesen Verlag
Bilder: Shutterstock
© Noord-Hollands Archief / Beeldcollectie van het Historisch Archief Haarlemmermeer te Hoofddorp (S. 10)
© Noord-Hollands Archief / Fotopersbureau De Boer te Haarlem, door: Engelchor, J. (S. 13)
© ANP (S. 16, 19, 22, 26, 28, 71, 73)

ISBN 978-3-910531-04-8

MAX VERSTAPPEN

MIT VOLLGAS ZUM ERFOLG

FRANS VAN DUIJN

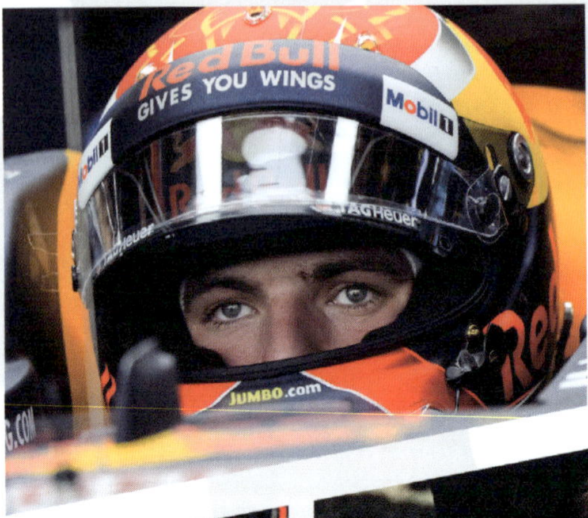
Red Bull
GIVES YOU WINGS
Mobil 1
TAG Heuer
JUMBO.com
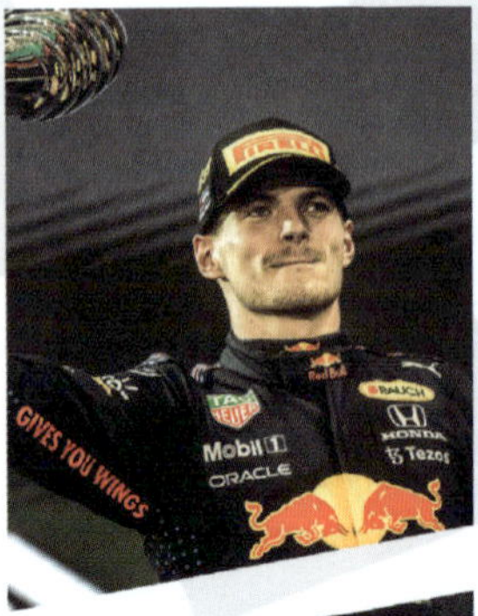
PIRELLI
GIVES YOU WINGS
Mobil 1
ORACLE
HONDA
Tezos
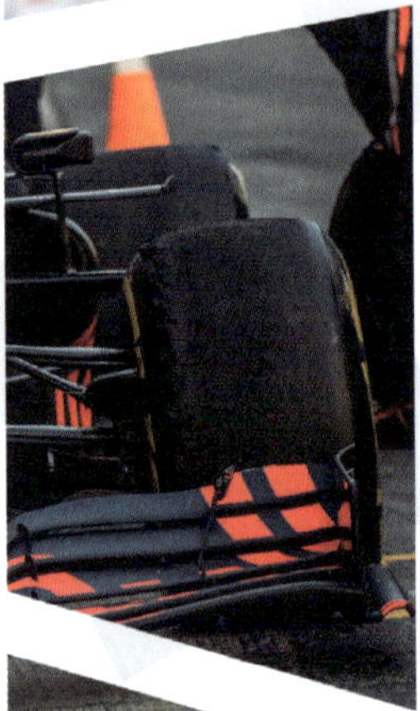
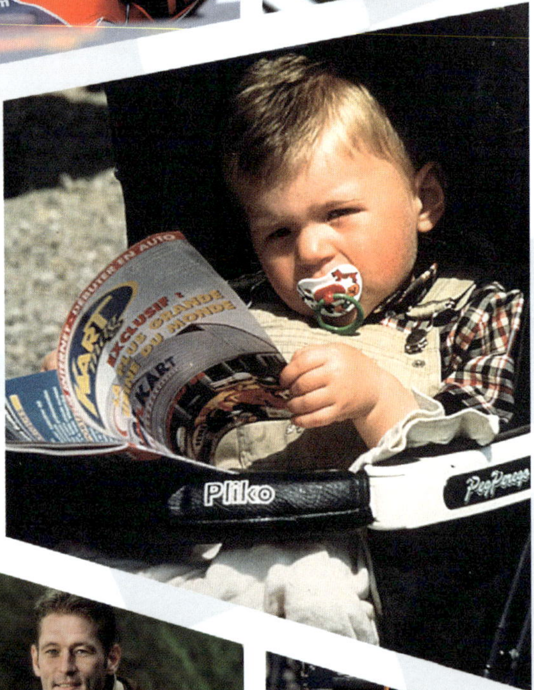
EXCLUSIF :
KART
Pliko
PegPerego
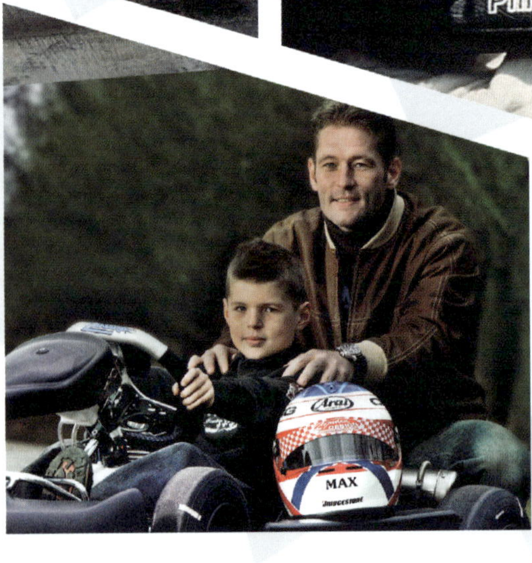
Arai
MAX
BRIDGESTONE
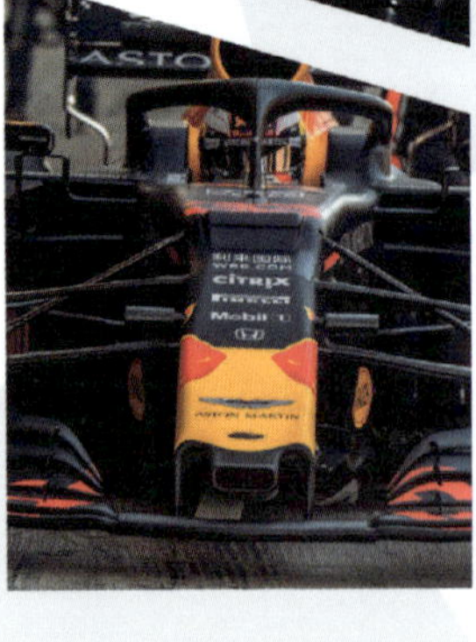
citrix
Mobil 1
ASTON MARTIN

Inhalt

Max, der Weltmeister *7*

1 | Die Familie Verstappen *11*

2 | Junges Talent *17*

3 | Vater und Sohn *23*

4 | Top-Fahrer *29*

5 | Bei der Formel 1 *33*

6 | Der erste Formel 1-Sieg *39*

7 | Ein schwieriges Jahr *45*

8 | Corona *49*

9 | Mann gegen Mann *55*

10 | Zandvoort *61*

11 | Auf dem Weg zum Weltmeistertitel *65*

12 | Zweimaliger Weltmeister *71*

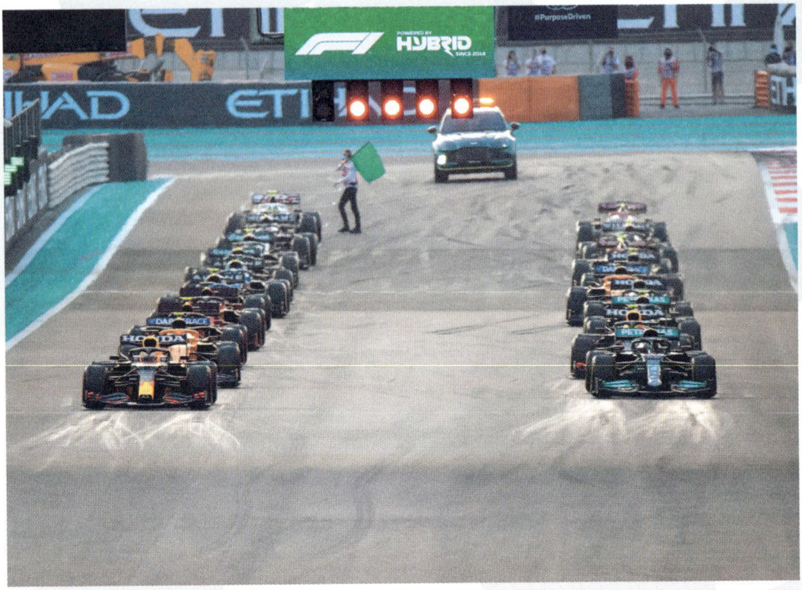

12. Dezember 2021. Zwanzig Rennwagen stehen in Abu Dhabi bereit.

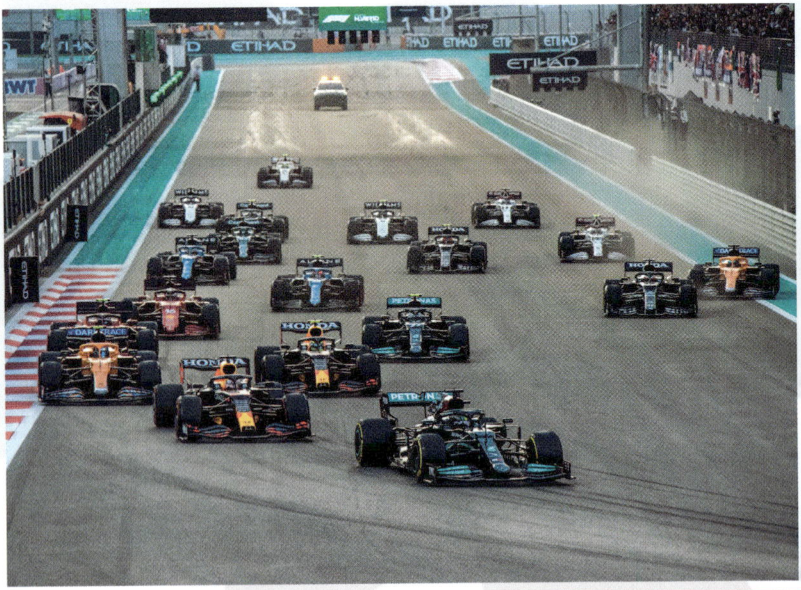

Das Rennen beginnt! Hamilton liegt sofort in Führung.

Max, der Weltmeister

Es ist der 12. Dezember 2021, fast 17 Uhr. Zwanzig Rennwagen stehen auf der Rennstrecke von Abu Dhabi bereit. Sie müssen noch ein wenig warten. Das Rennen beginnt um Punkt 17 Uhr.
Auf den Tribünen sitzen 60.000 Menschen.
Unter ihnen sind viele Niederländer, die alle orangefarbene Hemden tragen. Und in den Niederlanden sitzen Millionen von Menschen vor dem Fernseher. Auch sie wollen das letzte Formel-1-Rennen der Saison sehen.

Es ist spannend: Wer wird Weltmeister? Der Niederländer Max Verstappen oder der Engländer Lewis Hamilton? Max und Hamilton haben die gleiche Anzahl von Punkten: 369,5. Erst heute, nach dem letzten Rennen, wird der Sieger des Jahres 2021 feststehen!
Jeder spürt die Spannung im Stadion. Max hat den besten Startplatz, ganz vorne. Direkt hinter ihm ist Hamilton.

Dann beginnt das Rennen! Max hat keinen guten Start hingelegt. Hamilton liegt sofort in Führung. Aber Max verfolgt ihn, 58 Runden lang. Beide Fahrer fahren gefährlich schnell durch die Kurven. Die Männer scheinen keine Angst zu kennen.

Die Menge schreit und jubelt.
Hamilton bleibt auf dem ersten Platz. Doch in der letzten Runde überholt ihn Max. Es ist ein gewagter Schritt. Hamilton versucht, wieder an die Spitze zu kommen. Fast gelingt es ihm, aber Max ist trotzdem schneller. Dann die letzten Meter bis zum Ziel. Dort steht der Mann mit der schwarz-weiß karierten Ziel-Flagge. Die Flagge weht und Max reckt die Faust in die Luft. Der 24-jährige Max Verstappen ist Weltmeister!

Viele freuen sich über den Sieg von Max. Sie werden diese Weltmeisterschaft nie vergessen. Das letzte Rennen in Abu Dhabi war wirklich großartig!

Aber auch vor diesem Rennen sind viele spannende Dinge passiert. In diesem Buch wird erzählt:
Wie hat es Max Verstappen in der Formel 1 so weit gebracht?
Wer ist er? Wie hat alles angefangen?

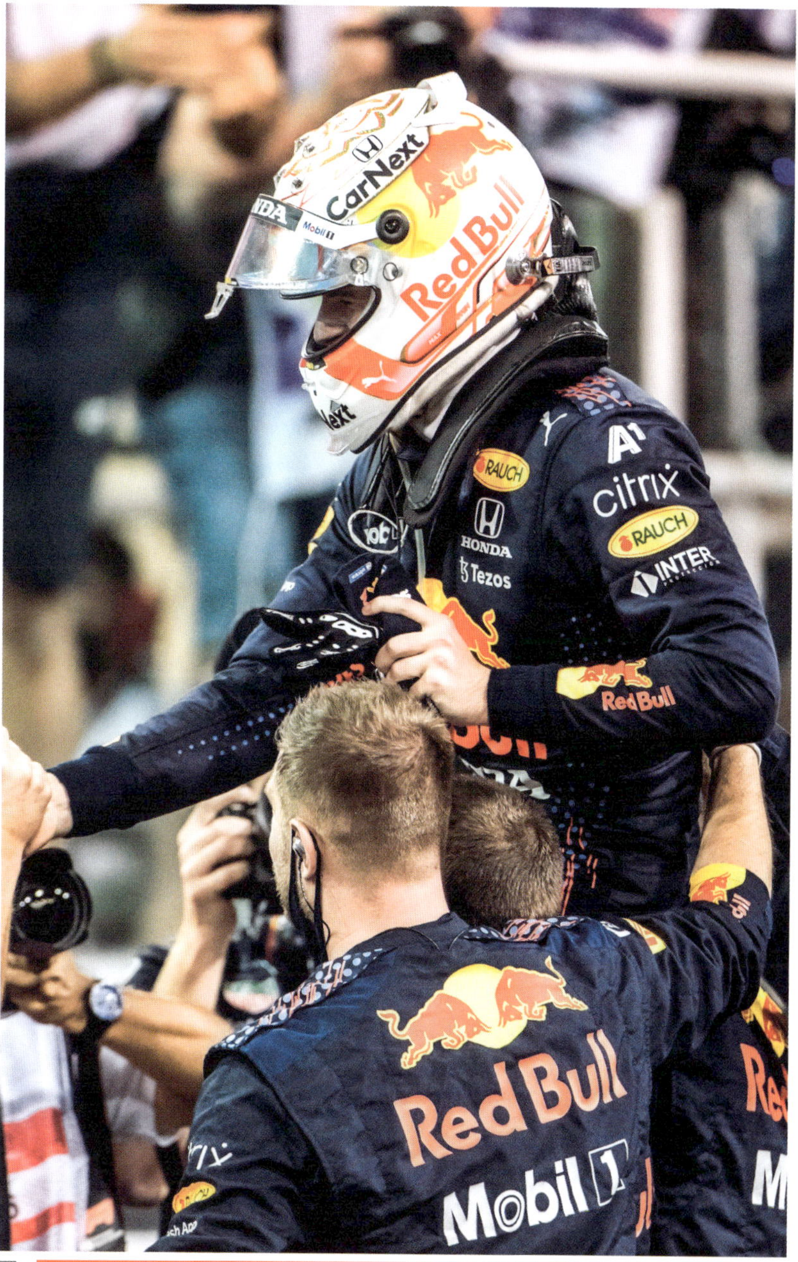

Max Verstappen ist Weltmeister und feiert den Sieg mit seinem Team.

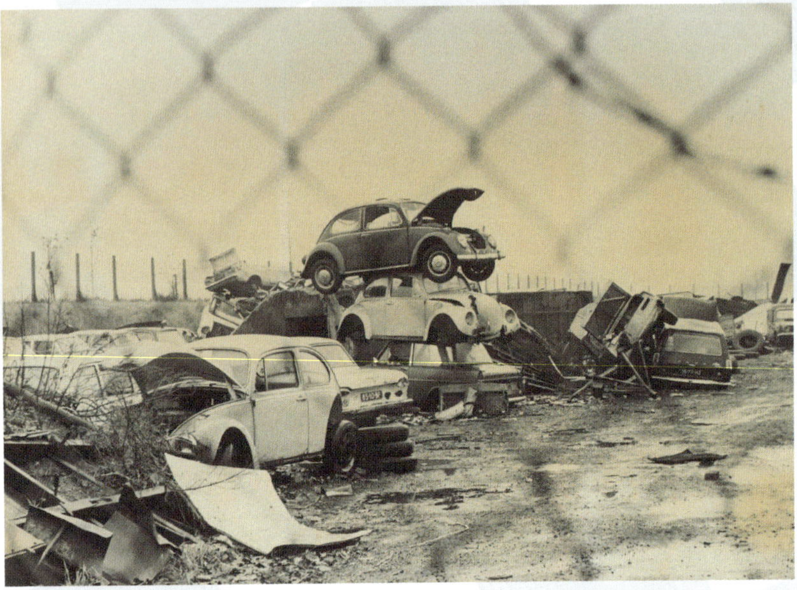

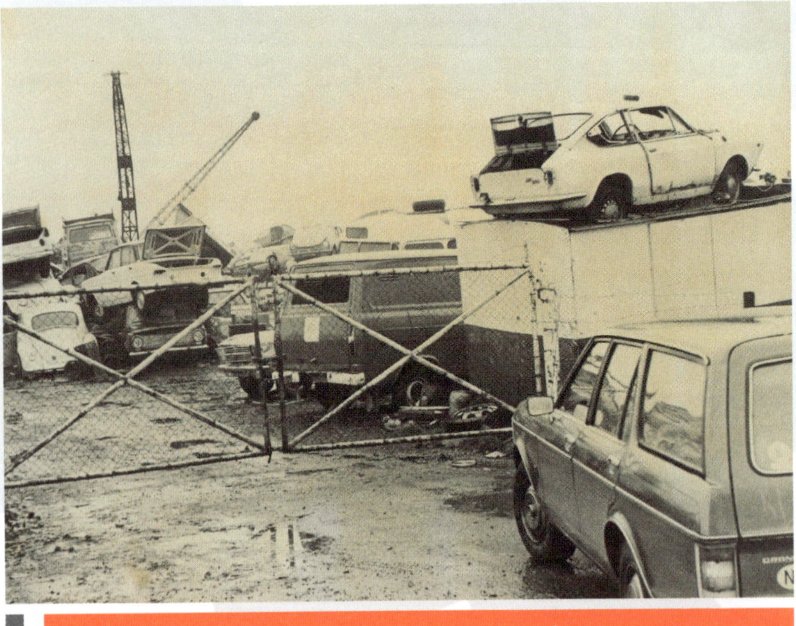

Sjef, der Urgroßvater von Max, ist Besitzer eines Schrottplatzes.
Der Schrottplatz muss so ähnlich ausgesehen haben wie dieser in Vijfhuizen.

1

Die Familie Verstappen

Sjef Verstappen lebt in Limburg, in einem kleinen Dorf. Dort zerlegt er alte Autos. Auf seinem Grundstück stehen Scheunen voller altem Eisen. Außerdem gibt es Hunderte von Autowracks. Das Geschäft läuft gut, denn mit Eisenschrott lässt sich eine Menge Geld verdienen.

Sjef lebt mit seiner Frau und seinen drei Kindern in einem Wohnwagen in der Nähe seiner alten Autos. Sohn Frans ist der Älteste. Frans ist ein echter Sportsmann. Er macht Judo, Fußball und Radfahren. In jeder Sportart will er der Beste sein und gewinnen. Er ist verrückt danach.
Später wird Frans Besitzer eines Cafés. Er heiratet und bekommt zwei Kinder:
Tochter Gerda und Sohn Jos.
Der kleine Jos spielt oft im Garten seines Großvaters. Er liebt alte Autos. Er nimmt die Autos auseinander und versucht, selbst neue zu bauen. Eines Tages baut Jos einen echten Motor in sein Gokart ein. Und es funktioniert! Jos fährt auf dem Hof seines Großvaters herum. Er veranstaltet mit Freunden Wettbewerbe in selbst gebauten Autos. Und er gewinnt immer.

Als Jos 8 Jahre alt ist, nimmt sein Vater Frans ihn zu einem Straßenrennen mit. Dort sieht Jos zum ersten Mal Karts, kleine Rennwagen.
Die Karts rasen über die Straße. Wie schnell sie fahren, sogar in den Kurven! Der Geruch von Benzin, das Geräusch der Motoren, die Geschwindigkeit!
Jos liebt das alles, genau wie sein Vater.
Frans kauft Jos sofort ein Go-Kart. Mit großem Erfolg. Jos wird 1984 und 1986 Jugendmeister. Aber Jos und sein Vater wollen viel mehr. Sie wollen an die Spitze! So treten sie in Wettbewerben gegen die besten Kart-Fahrer aus ganz Europa an. Sie fahren mit ihrem Lieferwagen zu den Rennen.

Frans ist nicht nur der Vater von Jos, sondern auch sein Mechaniker und Trainer. Wenn Jos gewinnt, ist alles gut. Aber Vater Frans kann auch sehr streng sein. Eines Tages, während eines Rennens, geht Jos' Kart kaputt. Frans sperrt ihn in den Lieferwagen. Der kleine Jos weint und klopft gegen das Fenster. Aber sein Vater lässt ihn nicht raus. Das macht er erst, als Jos sich wieder beruhigt hat.

Sowohl Vater als auch Sohn können schnell wütend werden. Sie streiten sich auch oft. Aber dann gewinnt Jos zum Glück wieder und der Streit ist vorbei.

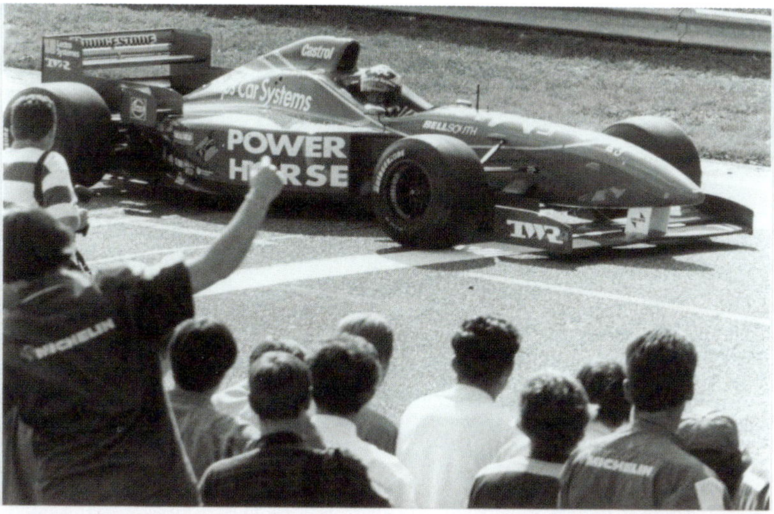

Jos Verstappen auf der Rennstrecke von Zandvoort im Jahr 1996

Im Jahr 1989 gewinnt Jos zwei europäische Titel. Die Träume von Vater und Sohn werden nun noch größer: die Formel 1, die Königsklasse des Motorsports. Wie schön, wenn Jos das erreichen kann!

Und dann kommt tatsächlich der große Erfolg: 1994 darf Jos Verstappen in der Formel 1 antreten. Er schließt sich dem Team von Benetton an.
Jos hat danach noch mehr Glück. Er trifft die Go-Kart-Meisterin Sophie Kumpen. Sie heiraten und es werden zwei Kinder geboren: Max und seine Schwester Victoria.

Jos wird der beste Rennfahrer der Niederlande. Zweimal erreicht er den 3. Platz in der Formel 1. Opa Sjef und Vater Frans sind sehr 'sjtols' auf Jos. Das ist Limburgisch für "stolz".

2003 hört Jos Verstappen mit der Formel 1 auf, weil er nicht mehr ganz gesund ist. Dadurch hat er mehr Zeit für seinen 6-jährigen Sohn Max. Der kleine Junge hat echtes Rennfahrerblut. Auf ihm liegen große Hoffnungen der ganzen Familie Verstappen.

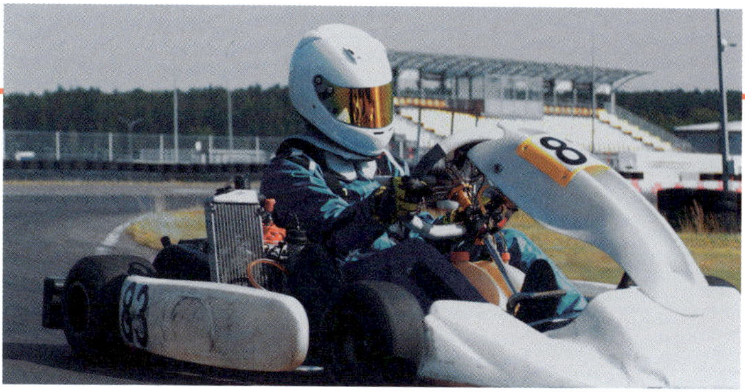

Kartfahren

Ein Kart ist ein kleines Rennauto. Beim Kartfahren sitzt man in einem Sitz, der tief über dem Boden angebracht ist. Die Fahrer tragen einen Sicherheitsgurt, der an vier Punkten sicher befestigt ist. Dieser Gurt sorgt dafür, dass man auch in engen Kurven fest sitzenbleibt.
Der Motor befindet sich direkt hinter dem Sitz. Am rechten Fuß hat man das Gaspedal. Und am linken Fuß befindet sich das Bremspedal.
Beim Kartfahren trägt man spezielle Kleidung, den Rennanzug. Man musss einen Helm mit Nackenschutz tragen. Und bis zum Alter von 16 Jahren ist ein Rippenschutz ebenfalls obligatorisch. Außerdem ist es ratsam, festes Schuhwerk und Handschuhe zu tragen.

In vielen Städten kann man sich Karts mieten und damit über eine Rennbahn fahren.

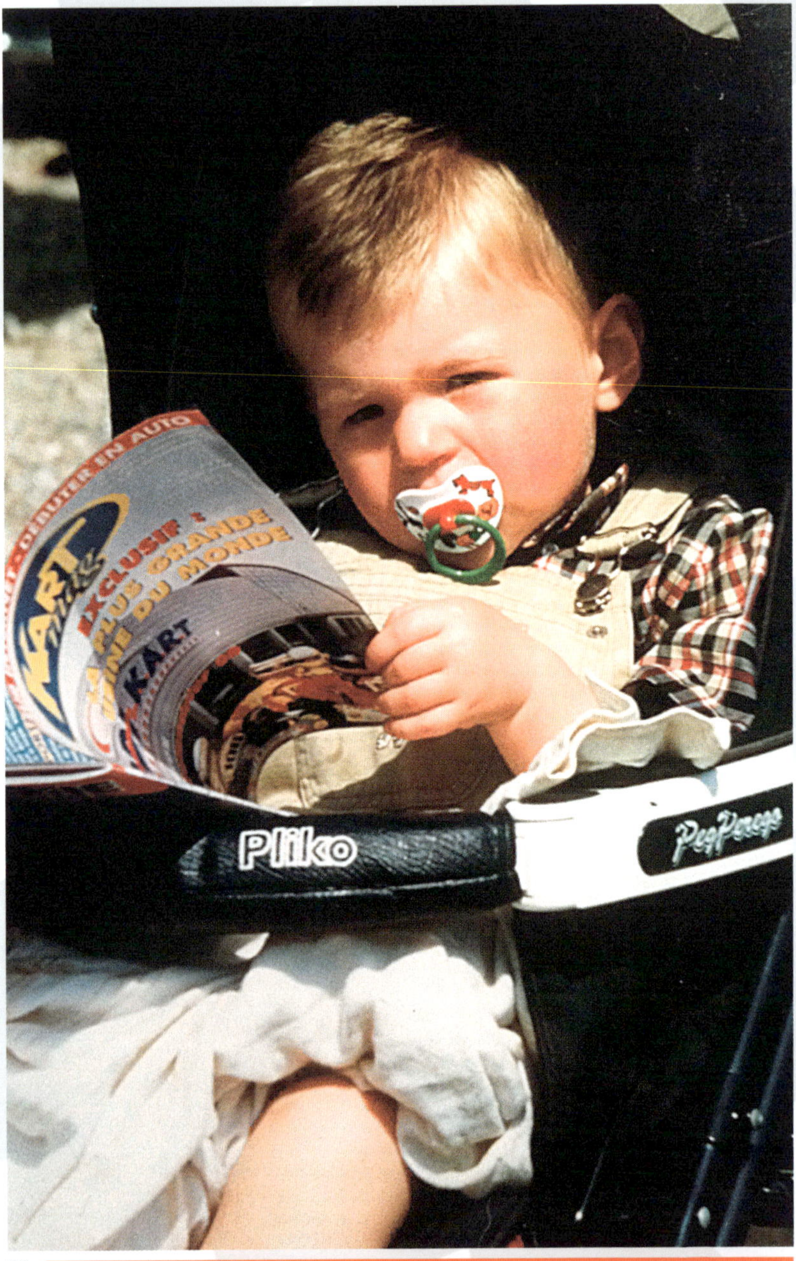

Max liebte schon als kleiner Junge den Rennsport. Hier sehen Sie ihn bei den Kart-Europameisterschaften 1997. Er liest eine Zeitschrift über das Kartfahren.

2

Junges Talent

Der kleine Max liebt Rennen, das ist schnell klar. Seine Mutter Sophie sagt: „Bei seinem ersten Balance-Bike sah ich ihn schon schleudern und schnelle Kurven fahren. Das Tempo war schon früh in ihm drin.“
Vater Jos kauft Max ein Quad, als er erst 2 Jahre alt ist. Max ist sehr glücklich mit seinem kleinen Moped auf vier Rädern.

Für Max ist sein Vater ein Held, der große Rennwagen fährt. In seinem Schlafzimmer hängt eine Weltkarte. Denn der kleine Max will wissen, wo Papa fährt. Und er jammert immer, wenn er ihn nicht zum Rennen begleiten darf.
2011 darf Max zum Großen Preis von Malaysia mitfahren. Er ist da noch keine 4 Jahre alt.
Der kleine Junge schaut sich die Mechaniker und die Rennwagen des Teams Benneton an. Und er genießt alles. Leider fährt sein Vater bei diesem Rennen nicht besonders gut.

Max ist auch oft mit seiner Mutter auf der Kartbahn in Genk. Dort sieht er einen sehr jungen Mann fahren.

Sofort ruft er seinen Vater an, der in Kanada ist. „Ich will auch Kart fahren", ruft Max. „Da fahren Leute, die kleiner sind als ich!"
Aber sein Vater sagt: „Du bist 4 Jahre alt, das ist zu jung. Du musst warten, bis du 6 Jahre alt bist."
Jeden Tag jammert Max nach einem eigenen Kart. Irgendwann hat seine Mutter Sophie genug und Max bekommt doch noch sein eigenes Kart.

Der kleine Max fährt sehr schnell auf der Kartbahn. Er ist sehr talentiert, das kann jeder sehen. Vater Jos ist jetzt sein Trainer und Mechaniker. Und schon 2005 fährt Max sein erstes richtiges Rennen! Er ist damals erst 7 Jahre alt. Seine Gegner sind alle zwei oder drei Jahre älter. Vater Jos ist jedes Mal sehr nervös. Ist Max nicht zu jung? Ist das zu gefährlich? Aber Max fährt gut und gewinnt leicht.

In der Schule gefällt es Max nicht. Er ist klug, aber er möchte auch andere Dinge lernen. Dinge über Rennen. Manchmal bleibt er eine Woche lang der Schule fern. Dann fährt er im Ausland Kart-Rennen. Eigentlich ist das nur erlaubt, wenn Max gute Noten bekommt. Aber der Direktor seiner Schule macht keinen Aufstand. Max darf mitfahren. Und das, obwohl er auf seinem Zeugnis schlechte Noten hat!

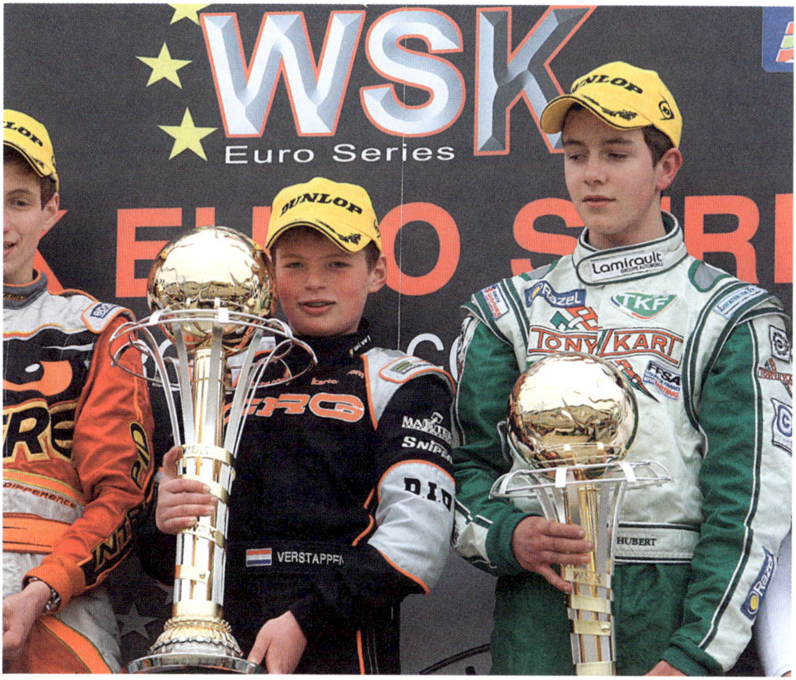

Max auf dem Podium der WSK Junior Karting Europe 2010

Jeden Freitagnachmittag rennt Max aus der Schule. Der Lieferwagen seines Vaters steht schon bereit, mit dem Kart im Kofferraum. Max springt in den Wagen.

Und dann fahren sie los zum nächsten Rennen. Auf der Fahrt reden sie nur über Kart-Rennen. Über das Überholen, die richtigen Reifen, das Fahren im Regen, die Geduld, das rechtzeitige Bremsen... Und sie träumen von der Formel 1. Wie schön, wenn Max das erreichen könnte!

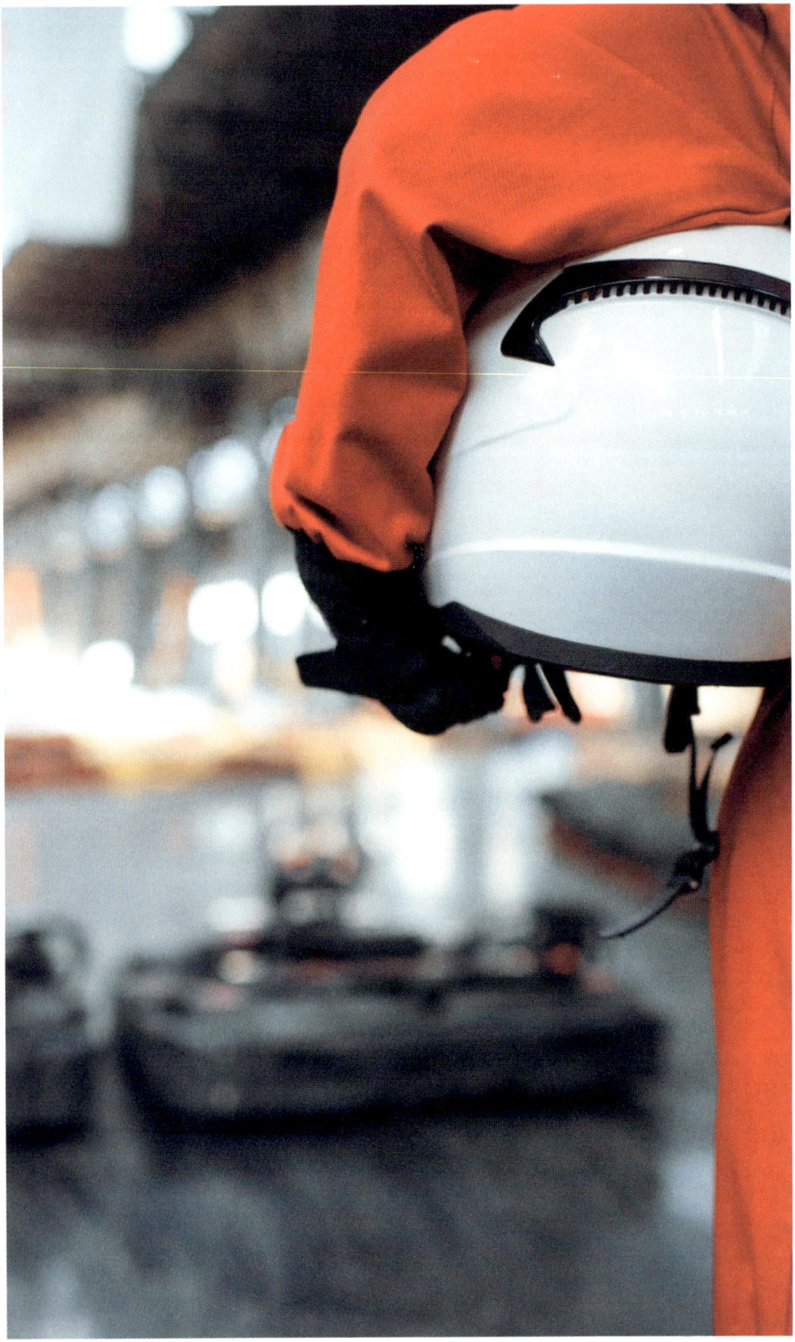

Ein eigenes Gokart

Möchten Sie den Kartsport als Hobby betreiben? Oder wollen Sie, wie Max, mehr? Wenn Sie mehr wollen, dann ist ein eigenes Kart sehr praktisch. Sie können ein neues Kart ab 1900 Euro kaufen. Ein Gokart für Anfänger ist zum Beispiel der Parolin Rocky.

Wollen Sie ein Kart mit einem starken Motor? Dann brauchen Sie ein Profikart. Diese kosten leicht 6.000 Euro. Aber natürlich gibt es auch gebrauchte Karts. Sie können ein gebrauchtes Kart ab 500 Euro kaufen. Aber aufgepasst! Der Kartsport ist mit einer Reihe von Kosten verbunden: Reifen, Wartung, Reparaturen nach Schäden, Benzin und die Kosten für die Teilnahme an Rennen.

Ob Sie das Geld zurückgewinnen können? Nein, bei Karting-Wettbewerben gibt es fast nie Geldpreise. Nur Medaillen und Pokale.

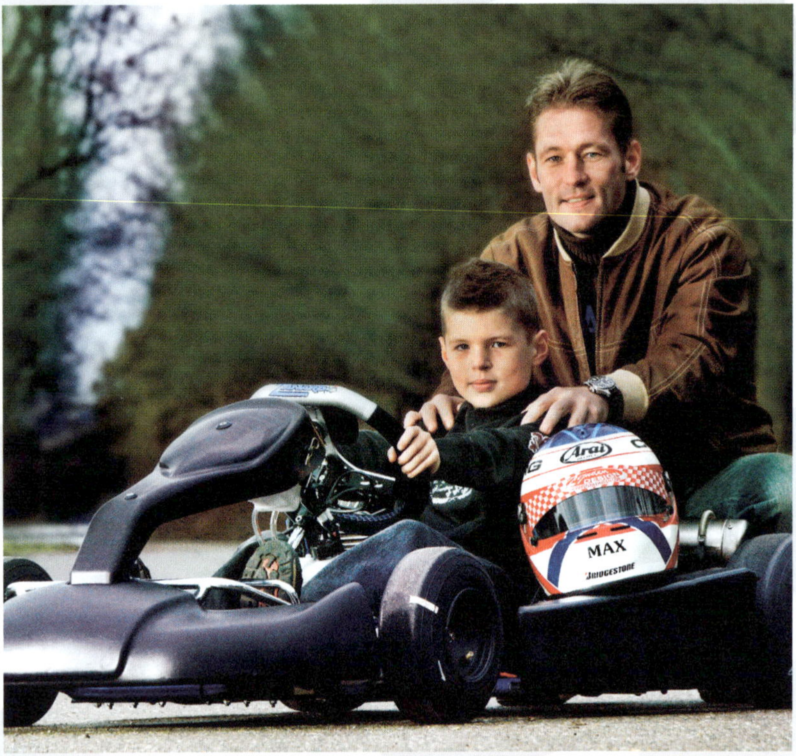

Jos und Max Verstappen im Jahr 2005

3

Vater und Sohn

Jos und Max fahren oft mit dem Van nach Südeuropa. Denn dort finden die meisten Kart-Rennen statt. Es sind große Entfernungen. Wenn Max müde ist, schläft er hinten im Auto.
Jos und Max sind immer zusammen, auch in den Niederlanden. 2008 haben sich die Eltern von Max getrennt. Seine Schwester Victoria lebt bei ihrer Mutter. Und Max lebt bei seinem Vater.

Max muss das Kart nach jedem Rennen selbst reinigen. So lernt er den Motor kennen. Aber er lernt auch, mit seinen Händen zu arbeiten. Er sieht zu, wie Jos das Kart repariert und lernt dabei viel. Jos ist ein guter Mechaniker, genau wie Großvater Frans es war.

Vater Jos ist streng, genau wie Opa Frans. Eines Tages, kurz vor einem Rennen, beginnt es stark zu regnen. Max hat seinen Regenoverall vergessen. Aber er muss trotzdem auf die Strecke gehen. „Dann wirst du halt nass!", ruft Jos wütend.

Wenn Max Fehler macht, kann Jos heftig schimpfen. Auch auf der Rennstrecke, wenn sie von allen beobachtet werden. Max behält dann seinen Helm auf. Manche Leute glauben, dass Max so seine Tränen versteckt. Vielleicht ist Max zu sensibel für Rennen?

Nein, das ist er nicht! Im Jahr 2010 unterzeichnet er seinen ersten Vertrag. Er ist damals erst 12 Jahre alt. Er wird Fahrer in einem italienischen Kart-Team. Der Besitzer des Kart-Teams sagt: „Max lässt das Kart machen, was er will. Und ich mag seine aggressive Art, Rennen zu fahren. Er geht aufs Ganze, genau wie sein Vater. Und Max will immer der Erste sein, er will immer gewinnen."

Max fährt normalerweise gut, aber manchmal geht etwas schief. Einmal, während eines Rennens, verliert Max die Führungsposition. Er versucht, wieder nach vorne zu kommen, aber das geht schief. Er kollidiert heftig mit einem anderen Kart und fliegt von der Strecke. Sein Kart ist kaputt. Jos ist sehr wütend auf Max. Er hat Max immer gesagt: „Du musst ruhig bleiben und geduldig sein, das ist wichtig. Sonst wirst du nie Weltmeister." Nach diesem Vorfall spricht Jos eine Woche lang nicht mit seinem Sohn. Damit will er Max eine Lektion beibringen.

Jos ist der Fahrer, Trainer und Mechaniker von Max. Er finanziert die Rennfahr-Karriere von Max. Es kostet ihn eine halbe Million Euro. Das ist eine ganze Menge Geld. Aber zum Glück hat Jos in der Formel 1 gut verdient. Jos kennt auch viele Unternehmen, die ihnen Geld geben, damit Max für sie Werbung macht. Aber Max muss auch gewinnen, damit sie das Geld weiterhin bekommen. Und das tut Max!

Im Jahr 2013 hat Max alles im Kartsport gewonnen. Er ist bereit für einen neuen Schritt: die Formel 3.

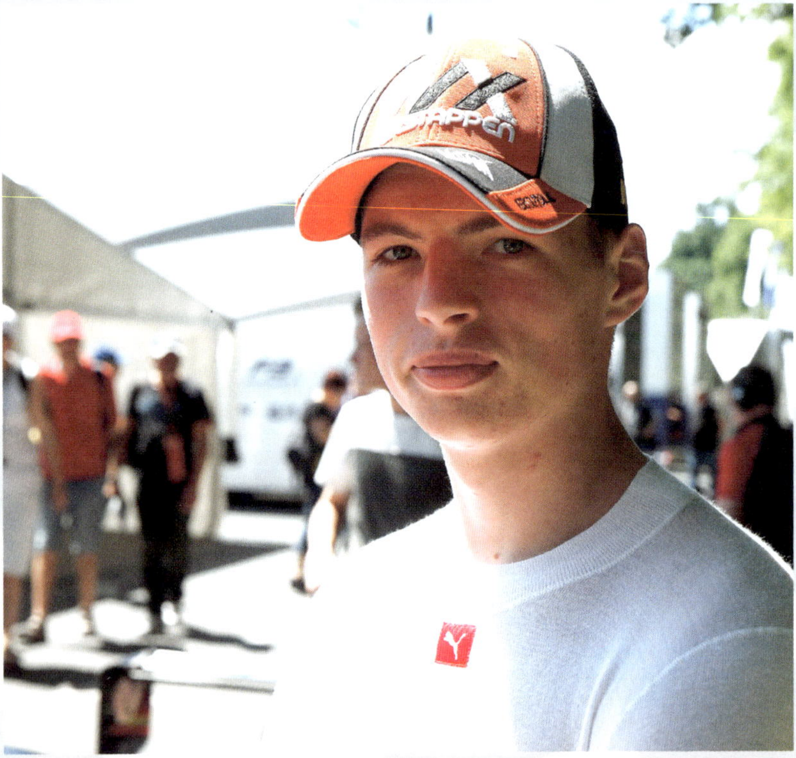

Max im Jahr 2014 während der FIA F3-Europameisterschaft

4

Top-Fahrer

Anfang 2014 startet Max in der Formel 3. Er ist bei einer niederländischen Mannschaft. Max ist erst 16 Jahre alt und sein Rennwagen kostet 150.000 Euro. Viele Leute denken, dass Max mit dem großen Rennwagen nicht umgehen kann. Aber der Teamchef hat schon oft gesehen, wie Max fährt. Er glaubt, dass es klappen wird.

Obwohl es gut läuft, streiten sich Max und Jos oft. Bei diesen Streitigkeiten geht es immer um dieselbe Sache: Max braucht mehr Geduld. Jos eigene Rennsportkarriere scheiterte, weil er zu ungeduldig war und viele Unfälle hatte.

Im Sommer 2014 läuft es gut, vor allem in Nürnberg. Bei dem Rennen regnet es stark und die Straße ist sehr rutschig. Doch Max steuert seinen Rennwagen perfekt und gewinnt problemlos. In jeder Runde ist er sogar zwei Sekunden schneller als die anderen! Bereits im Frühjahr hat er alle Rennen in Belgien gewonnen!
Immer mehr Menschen sprechen über Max Verstappen. Alle sagen dasselbe: Er ist erst 16 Jahre alt und schon so gut!

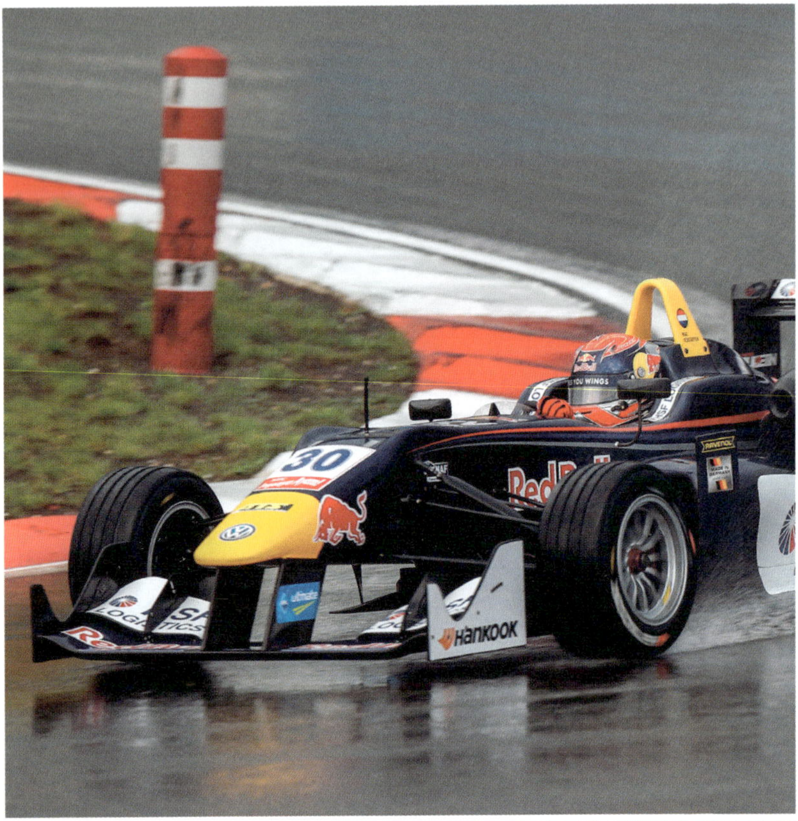

August 2014, Max auf der Rennstrecke in Nürnberg (Deutschland)

Max' Leistungen ziehen auch die Aufmerksamkeit der Top-Formel-1-Teams auf sich. Sie sprechen Jos darauf an. Max' Vater ruft sofort Sophie, Max' Mutter, an.

„Sie wollen Max für die Formel 1", sagt er stolz. Max' Mutter hält das für einen Scherz. Aber das ist es nicht!

Nach reiflicher Überlegung entscheiden sie sich für das Team Red Bull Racing. Max ist zu jung, um den Vertrag selbst zu unterschreiben. Daher müssen seine Eltern unterschreiben. Jos und Sophie tun das gerne.

Max wechselt in das Trainingsteam von Red Bull: Toro Rosso. Viele kritisieren den Wechsel, weil sie Max für zu jung halten. „Ein Kind wie er gehört nicht in die Formel 1", sagen sie. „Er ist noch zu jung, das ist zu gefährlich."
Sie glauben, dass die Formel 1 noch zu kompliziert ist. Das Lenkrad dieser Rennwagen hat 20 Tasten und Schalter. Es gibt 100 verschiedene Einstellungen, die man wählen kann. Und dann ist da noch die Geschwindigkeit der Rennwagen. Sie können bis zu 360 Stundenkilometer schnell werden! Außerdem muss man sich zwischen weichen, harten oder mittleren Reifen entscheiden. Ist das alles nicht zu schwierig für Max?

Max kümmert sich nicht um die Kritik. Er denkt und handelt wie ein echter Rennfahrer.
„Wir werden sehen, wie es läuft", sagt er.
Jos und Max wissen beide: Max muss in der Formel 1 einfach gut fahren. Dann hört die Kritik automatisch auf.

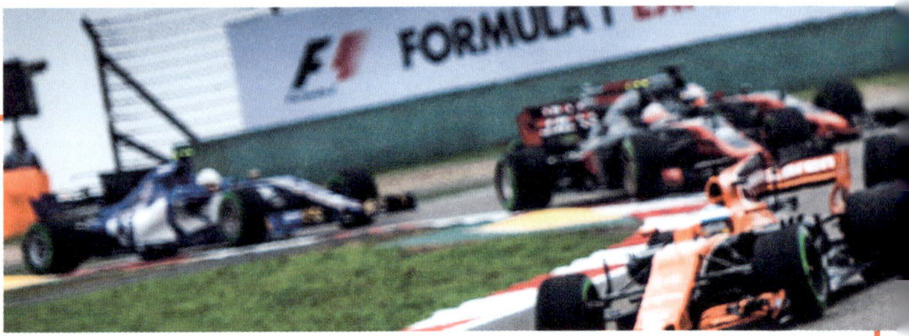

Die Spitzenteams der Formel 1

Formel-1-Rennen werden auf der ganzen Welt ausgetragen. Und es gibt viele Teams, die an den Rennen teilnehmen wollen. Nachfolgend können Sie lesen, welche Teams die besten sind und am meisten Preise gewonnen haben.

Red Bull Racing

Der Weltmeister; mit Max Verstappen als Hauptfahrer.

Ferrari

Berühmt für seine roten Rennwagen. Das Logo von Ferrari ist weltberühmt: ein gelbes Schild mit einem tänzelnden Pferd. Ferrari ist seit 70 Jahren in der Formel 1 vertreten.

Mercedes

Ein sehr starkes Team mit Lewis Hamilton als Hauptfahrer. Die Mercedes-Autos sind als "Silberpfeile" bekannt.

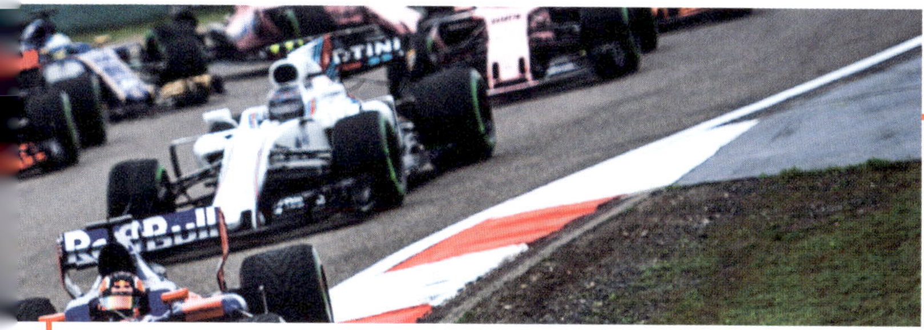

McLaren

Bekannt für seine orangefarbenen Rennwagen. McLaren ist eines der ältesten Teams in der Formel 1. Ihr berühmtester Fahrer war der Brasilianer Ayrton Senna, der 1994 bei einem Rennunfall starb.

Alpha Tauri

Dies ist das Trainingsteam von Red Bull Racing und hieß früher Toro Rosso. Die Teams arbeiten während der Rennen gut zusammen.

Aston Martin

Hauptfahrer dieses Teams ist der Deutsche Sebastian Vettel. Er ist viermal Weltmeister geworden. Vettel setzt sich seit Jahren für ein besseres Klima und die Menschenrechte ein.

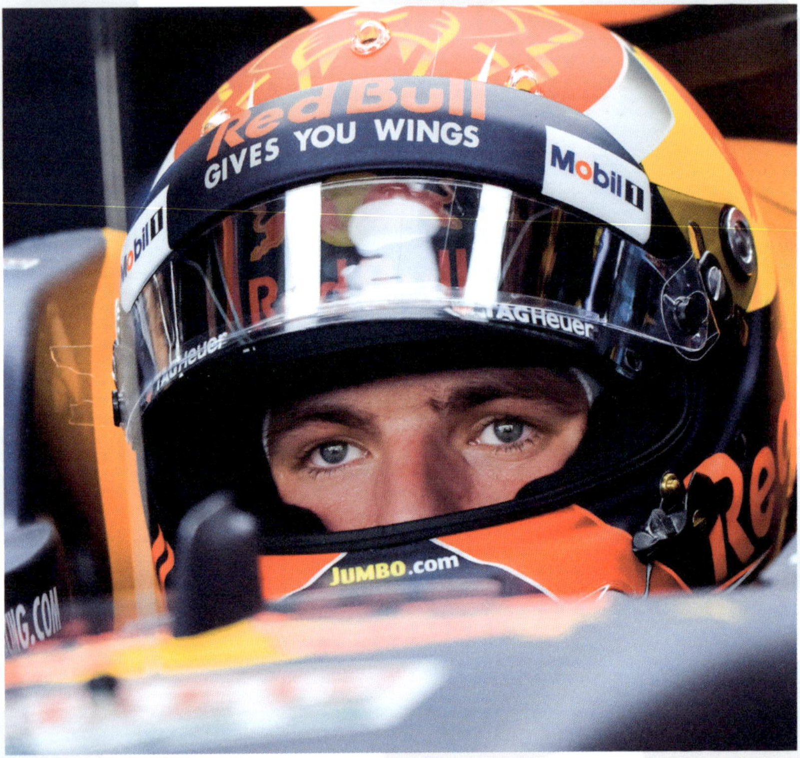

Max macht in seiner ersten Formel-1-Saison einen guten Eindruck.

5

Bei der Formel 1

Das erste Rennen der Formel-1-Saison 2015 findet in Melbourne, Australien, statt. Max ist 17 Jahre alt und damit der jüngste Formel-1-Fahrer der Geschichte.
Alle sind sehr neugierig. Wie wird sich der Junge schlagen? Zu diesem Zeitpunkt hat er noch nicht einmal einen Führerschein! Die Strecke in Melbourne hat viele Kurven und man kann dort sehr schnell fahren. Deshalb hat Max extra seine Nackenmuskeln trainiert. Denn bei hoher Geschwindigkeit lastet ein großer Druck auf dem Nacken.

Vater Jos ist natürlich auch in Australien. Er ist wieder sehr nervös. Wie wird es laufen? Wird Max das Rennen schaffen?
Es läuft nicht gut. Während des Rennens hat Max ein Problem mit dem Motor.
„Aus dem Auto kommt Rauch", teilt Max seinem Team über Funk mit.
Max kann das Auto nicht in die Werkstatt seines Teams (die "Box") fahren. Also parkt er ihn neben der Rennstrecke. Dann geht er zur Grube. Er behält seinen Helm auf. Für Max ist das Rennen vorbei.

Vor den Fernsehkameras gibt Max sich zuversichtlich.
„Ich werde die Punkte in Malaysia mitnehmen", sagt er. Denn das zweite Formel-1-Rennen des Jahres 2015 findet in Malaysia statt.
Als Max 3 Jahre alt war, sah er dort seinem Vater das erste Mal bei einem Rennen zu.

In Malaysia hat Max Glück: Es regnet! Max ist am besten auf einer nassen Strecke. Das Rennen läuft für Max wirklich gut. Er belegt den 7. Platz und erhält sechs Weltcup-Punkte. Damit ist Max der jüngste Fahrer, der in der Formel 1 Punkte sammelt.

Max hat jetzt gezeigt, dass er in der Formel 1 fahren kann. Vater Jos ist stolz. Und Opa Frans bezeichnet sich selbst als den „stolzesten Opa der Welt".

Max beeindruckt in seiner ersten Formel-1-Saison. Er überholt seine Gegner, indem er in den Kurven erst sehr spät bremst. Und auf den Geraden überholt er andere mit 300 Stundenkilometern. Die Fans lieben es, solche Aktionen zu sehen. Weil es die Formel 1 besonders schön und spannend macht!

Doch leider geht beim Großen Preis von Monaco einiges schief. Max prallt gegen eine Mauer und sein Motor fällt aus. Nach dem Unfall machen sich alle Sorgen um Max. Aber er ist nicht verletzt. Max sagt zuversichtlich: „Es gab einen großen Knall. Aber jetzt verstehe ich, wie stark das Auto ist. Das gibt mir mehr Selbstvertrauen."

Doch es gibt auch Kritik. Fährt Max nicht zu riskant? Ist er nicht doch noch zu jung für die Formel 1?

Dann kommt das letzte Rennen der Saison. Max ist bisher 19 Rennen für das Toro Rosso Team gefahren. Er hat kein einziges gewonnen. Aber er hat 49 Punkte geholt. In der Gesamtwertung belegt er Platz 12. Und das Publikum liebt ihn für seine riskanten Überholmanöver.

Viele Rennfans hoffen, dass Max Verstappen den Weltmeister Lewis Hamilton schlagen wird. Hamilton gewinnt fast alles, weil er ein großes Renntalent ist. Aber er gewinnt auch, weil er das schnellste Auto der Welt fährt. Wenn Max auch ein schnelleres Auto hätte, dann könnte er Hamilton vielleicht schlagen.

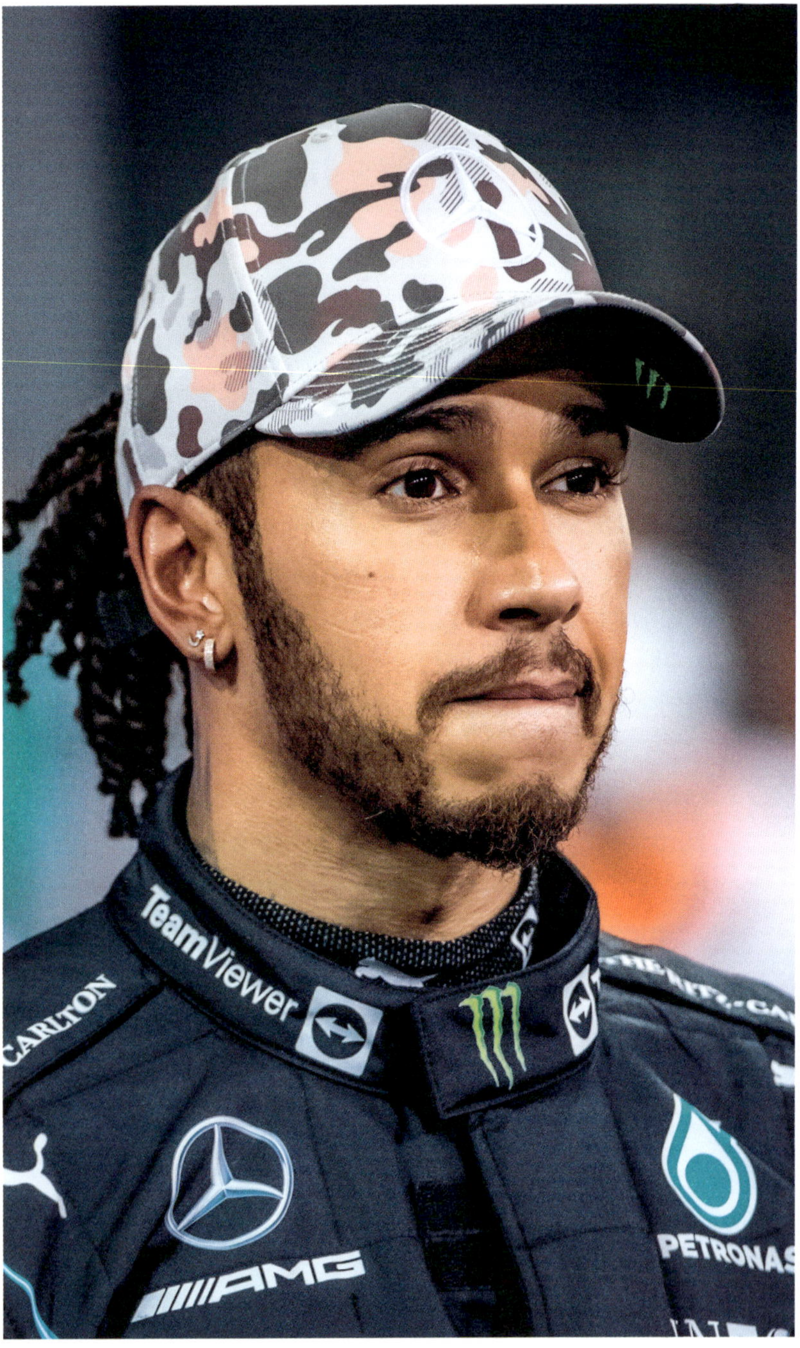
TeamViewer
CARLTON
AMG
PETRONAS

Sir Lewis Hamilton

Lewis Hamilton kommt aus England. Er wuchs in einer einfachen Arbeiterfamilie auf. Sein Vater hat ihn zu einem Spitzenfahrer ausgebildet. Hamilton wurde sieben Mal Weltmeister. Das ist eine sehr beachtliche Leistung. Deshalb wurde er am 31. Dezember 2020 von Königin Elisabeth zum Ritter geschlagen. Seitdem darf Hamilton sich „Sir“ nennen.

Hamilton ist sehr beliebt.
Auf Instagram hat er mehr als 17 Millionen Follower.
Außerdem verdient er eine Menge Geld.
Es wird vermutet,
dass er bis zu 140 Millionen Euro besitzt.
Hamilton ist ein schwarzer Fahrer, der sich für die „Black Lives Matter”-Bewegung engagiert. Hamilton ist außerdem Veganer: Er isst keine tierischen Produkte und trägt keine Kleidung und Schuhe, für die Tiere getötet

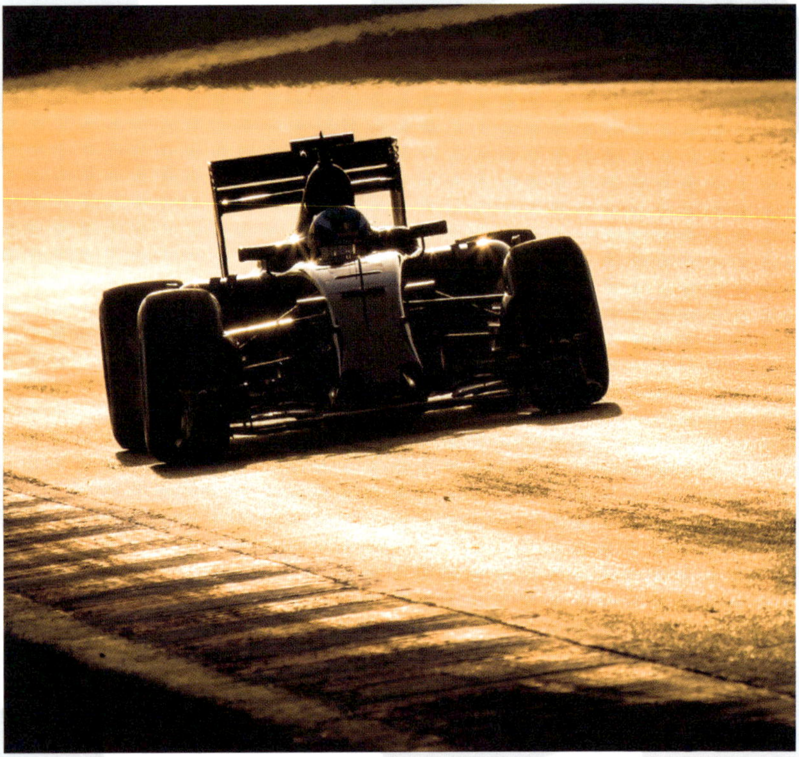

Max im Jahr 2016 auf der Rennstrecke in Katalonien

6

Der erste Formel 1-Sieg

Max kommt ursprünglich aus Belgien. Dennoch fühlt er sich niederländisch.
„Das liegt am Kartfahren", sagt er. „Ich war oft bei meinem Vater und immer bei Niederländern. Ich bin als Niederländer aufgewachsen und so fühle ich mich auch."
2015 verlässt Max die Niederlande und zieht nach Monaco. Dort hat er eine schöne Wohnung. Er reist nun durch die ganze Welt, von Monaco bis zu allen Rennstrecken.

Anfang 2016 fährt Max vier gute Rennen für Toro Rosso. Danach wechselt er zu Red Bull Racing. Am 15 Mai fährt er in Barcelona das erste Mal für sein neues Team.
Während dieses Rennens geschieht etwas Besonderes. Max geht so vorsichtig mit seinen Reifen um, dass er sie nur zweimal wechseln muss. Andere Fahrer benötigen drei Wechsel und das kostet natürlich mehr Zeit. Aber: Kann Max das Rennen mit nur zwei Reifenwechseln beenden?

Rennreifen nutzen sich aufgrund der enormen Hitzeentwicklung bei Geschwindigkeiten von über 300 km/h schnell ab!

Das Rennen in Barcelona ist sehr spannend.
Glücklicherweise halten die Reifen von Max.
Max gewinnt das Rennen mit weniger als einer Sekunde Vorsprung.
„Unglaublich!", ruft Max seinem Team begeistert über Funk zu. Dies ist sein erster Grand-Prix-Sieg!

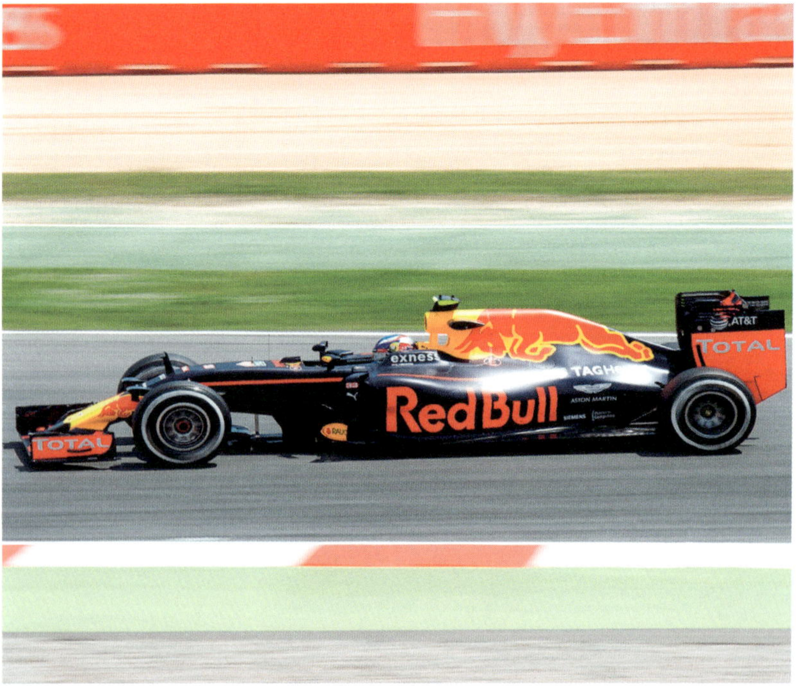

Max bei seinem ersten Rennen für sein neues Team in Barcelona, Spanien

Max ist nun mit 18 Jahren der jüngste Sieger eines Formel-1-Rennens. Bisher gehörte der Rekord Sebastian Vettel, aber der war 21. Was vor allem besonders ist: Max hat nicht das schnellste Auto, denn das gehört Hamilton.
Vater Jos ist sehr glücklich. Er umarmt seinen Sohn und wischt ihm die Tränen aus den Augen.
„In seinem zweiten Jahr gewinnt Max bereits ein Rennen. Das ist unglaublich!", ruft Jos vor den Fernsehkameras.

In den Niederlanden verfolgen mehr als eine Million Menschen das Rennen im Fernsehen. Wegen Max Verstappen wird die Formel 1 dort immer beliebter. Auch das Café von Opa Frans feiert. Er stellt einen großen Fernsehbildschirm und Lautsprecherboxen auf. Hunderte von Menschen verfolgen dort den Sieg von Max. Opa Frans steht nach dem Rennen mit einer großen Fahne auf dem Podium.
„Endlich haben wir ihn", schreit er. Die Familie Verstappen hat einen Formel-1-Sieg!
Es wird gesungen.
Und es wird Bier getrunken, viel Bier!

Das Jahr 2016 ist für Max ein wunderbares Jahr. Er kennt sein Auto gut. Er traut sich viel und macht riskante Überholmanöver. Er weiß genau, wie man auf einer nassen Strecke fährt.

Andere Fahrer beschweren sich über Max' gefährlichen Fahrstil. Aber Max verhält sich nicht gefährlich. Er ist einfach sehr, sehr gut. Er belegt den 2. Platz in Österreich und England. In Deutschland belegt er den 3. Platz. In der abschließenden Weltcup-Wertung liegt Max auf Platz 5, eine Spitzenleistung.

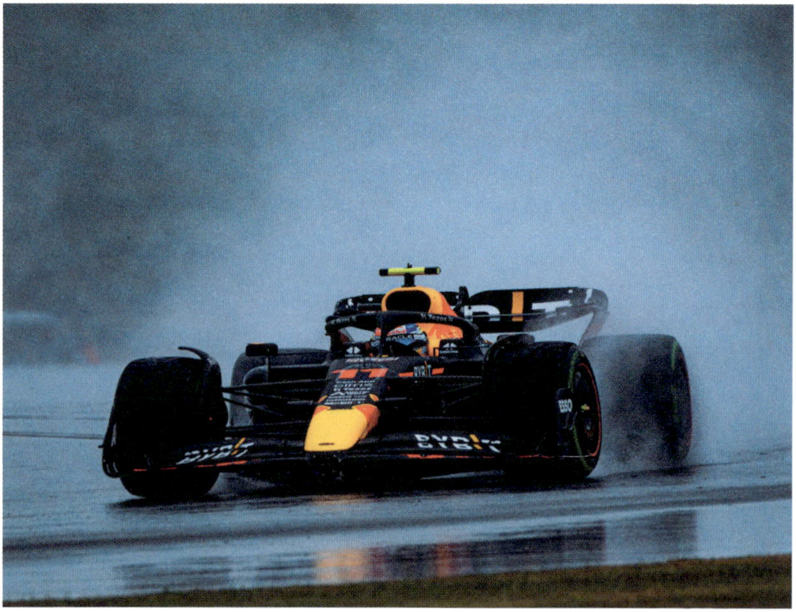

Max weiß genau, wie man auf einer nassen Strecke fährt.

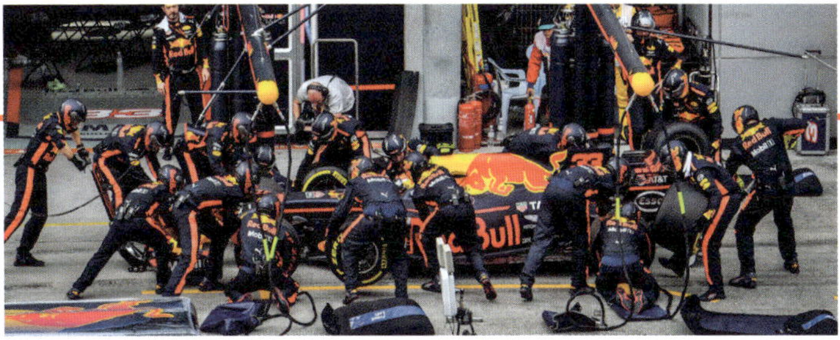

Reifenwechsel

*Bei einem Boxenstopp werden alle vier Reifen eines Autos auf einmal gewechselt. Wie wird das gemacht?
Zunächst hält das Auto an der richtigen Stelle in der Box. Dann schiebt ein Mechaniker einen Wagenheber unter die Front des Autos. Damit wird das Auto etwas angehoben und die Vorderreifen werden gewechselt.
Hinten passiert das gleiche.
Nun machen sich vier weitere Mechaniker an die Arbeit. Sie sitzen an allen vier Reifen und haben eine „Radpistole" dabei. Von jedem Reifen schrauben sie die Radmuttern ab. Dann kommen acht Reifenträger zum Einsatz. Vier von ihnen nehmen die alten Reifen ab, die anderen vier ziehen die neuen Reifen auf. Schließlich werden die Radmuttern von den Mechanikern mit der Radpistole nachgezogen. Währenddessen halten zwei Mechaniker das Cockpit fest, damit sich das Auto nicht bewegt. All dies geschieht sehr schnell, manchmal innerhalb von zwei Sekunden!*

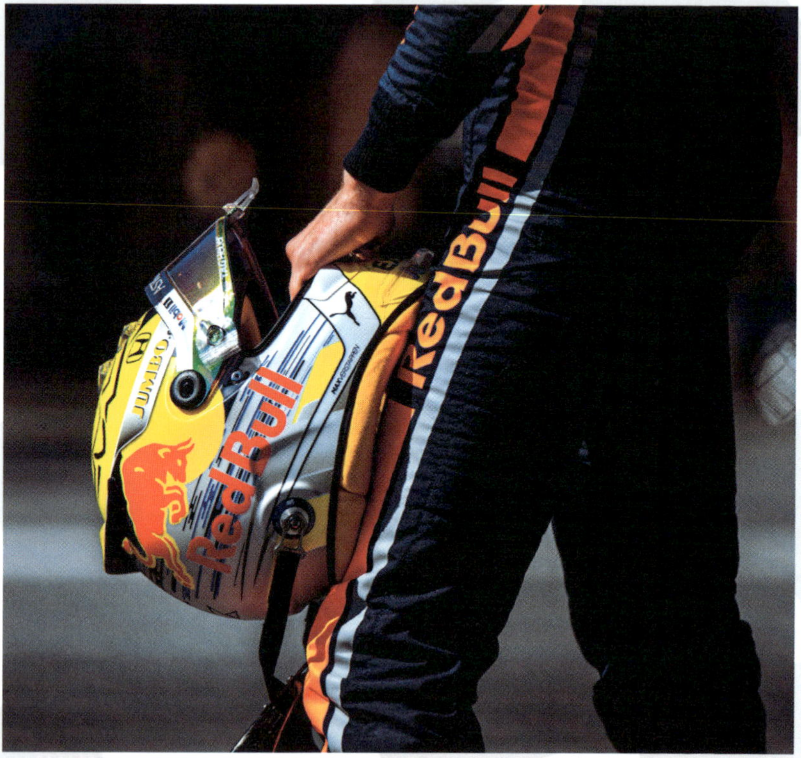

Im Jahr 2017 hat es Max nicht leicht.

7

Ein schwieriges Jahr

Am Beginn der neuen Saison 2017 sieht es für Max schlecht aus. Von den ersten 10 Rennen fällt er fünfmal aus! Mit dem Motor läuft etwas schief. Und beim Überholen fliegt er von der Strecke. Außerdem beschädigt er sein Auto, als er versucht, einen anderen Rennwagen zu überholen.
Die Journalisten stellen unangenehme Fragen und Max wird wütend.
„Noch so eine Frage und ich verpasse dir eine Kopfnuss", sagt er. Das ist dumm, aber er kann sich nicht zurückhalten. Seine Wut ist zu groß.

Auch auf der Rennstrecke gerät er in Konflikte. In Brasilien kollidiert sein Auto mit dem Wagen von Esteban Ocon. Max zeigt Ocon den Mittelfinger. Ocon ist wütend. Nach dem Rennen geht der Streit noch eine Weile weiter. In der Box schubsen sie sich gegenseitig und Max bezeichnet Ocon als „Weichei".
Das Filmmaterial geht um die Welt. Später muss Max sich vor laufender Kamera verteidigen.
Er sagt: „Wir sind alle Fanatiker. Dann passieren solche Dinge."

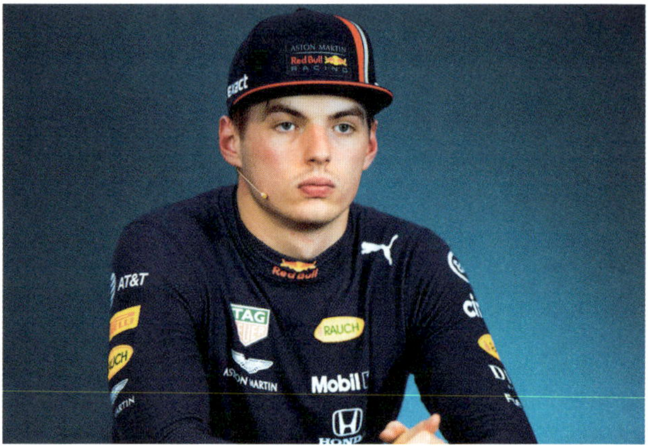

Später sieht Max ein, dass sein Verhalten nicht gut war. Er weiß natürlich, woher diese Wut kommt. Das liegt in der Familie. Auch Großvater Frans und Vater Jos werden leicht wütend. Max versucht nun, sich weniger ablenken zu lassen.

„Ich möchte vor den Fernsehkameras ruhig sein", sagt er. „Aber manchmal bin ich einfach sehr wütend. Deshalb spreche ich auch nicht sofort mit Journalisten. Ich warte einfach eine Weile. Wenn ich nicht mehr wütend bin, dann rede ich. Und wenn ich wütend bin, sage ich gar nichts."

In der zweiten Hälfte der Saison läuft es viel besser. Max gewinnt zwei Rennen und belegt den 6. Platz in der Weltmeisterschaft.

Red Bull ist mit ihm zufrieden. Daher wird sein Vertrag bis Ende 2020 verlängert. Er erhält einen Vertrag über rund 30 Millionen Dollar. Das macht ihn zu einem der reichsten Rennfahrer.

Red Bull will jetzt einen anderen, besseren Motor in den Rennwagen verwenden. Es werden Motoren von Honda aus Japan sein. Max wird damit schneller fahren können, fast so schnell wie Hamilton. Vielleicht bekommt Max jetzt die Chance, Hamilton zu schlagen.

Honda-Motoren

Der Motor ist das wichtigste Bauteil eines Rennwagens. In der Formel 1 kostet ein guter Motor zwischen 4 und 10 Millionen Euro!
Die deutschen Motoren von Mercedes sind sehr gut. Aber die japanischen Motoren von Honda auch. Außerdem ist der japanische Motor zuverlässig und verschleißt nicht so schnell.

Max hat in der Saison 2021 "nur" drei Motoren verbraucht, von denen einer nach einem Unfall ausfiel.
Honda soll bis 2025 bei Red Bull Racing bleiben. Inzwischen bereiten die Japaner ihre Motoren auf den Kraftstoff E-10 vor. Dieser Kraftstoff ist besser für die Umwelt.

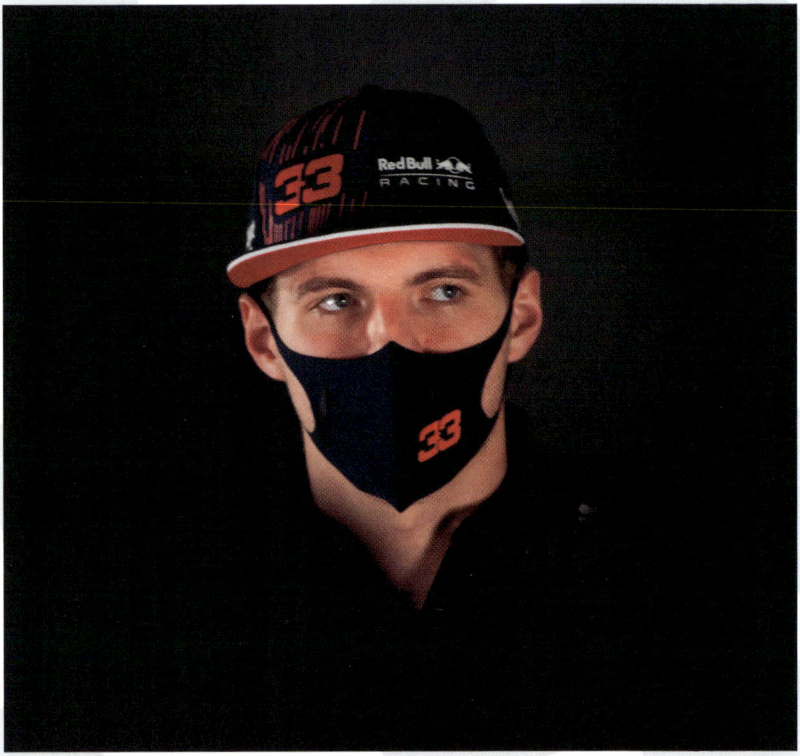

Während der Corona-Krise im Jahr 2020 finden keine Rennen statt.

8

Corona

2018 und 2019 kann Max auf dem Podium kräftig Champagner verspritzen. Er gewinnt insgesamt fünf Rennen und erreicht 2019 sogar den 3. Platz bei der Weltmeisterschaft, eine Weltklasseleistung. .

In der Wertung liegt er nun direkt hinter Hamilton und Finn Bottas. Sie sind die beiden Fahrer der mächtigen Automarke Mercedes. Max hat nur neun Weltcup-Punkte weniger als Bottas, die Nummer zwei. Das liegt an dem starken Honda-Motor in seinem Auto. Und natürlich an seinem Talent als Rennfahrer!

Vater Jos verfolgt in diesen Jahren viele Rennen seines Sohnes im Fernsehen. Zu Hause auf der Couch ist er weniger nervös als auf der Rennstrecke. Das ist besser für seine Gesundheit. Und er hat mehr Zeit für sein Enkelkind, denn Jos ist Großvater geworden. Seine Tochter Victoria hat einen kleinen Sohn, Luka, bekommen.

Die Dinge laufen also gut für die Familie Verstappen. Doch dann gibt es eine traurige Nachricht. Im November 2019 verstirbt Opa Frans (72).

Jos und Victoria nehmen zusammen mit Hunderten von anderen Menschen an der Beerdigung teil. Leider kann Max nicht kommen. Er ist in Brasilien. Dort gewinnt er das Rennen und verliert seinen Großvater. Mit Großvater Frans begann für die Verstappens der Erfolg im Rennsport.

Während der Corona-Krise im Jahr 2020 finden keine Rennen statt. Trotzdem kann Max dank des Rennsimulators in seiner Wohnung gut trainieren. Im Simulator kann Max F1-Rennen auf allen Strecken nachspielen.

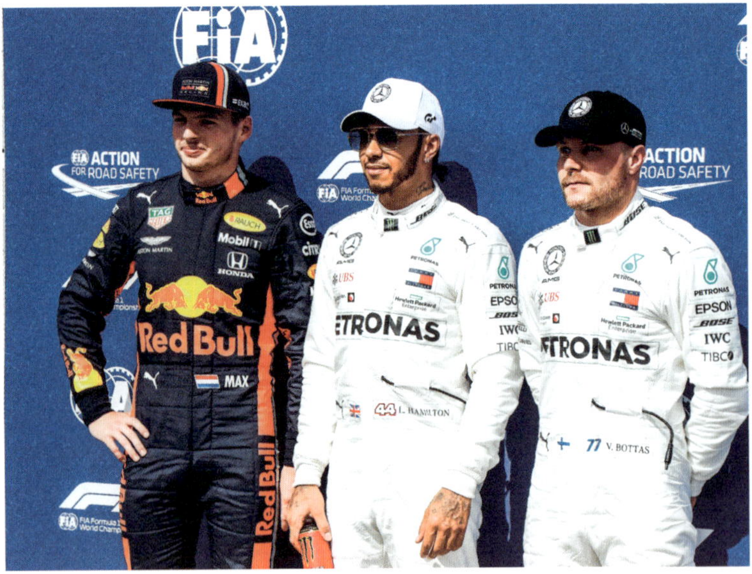

Max Verstappen, Lewis Hamilton und Valtteri Bottas

Max übt jeden Tag vier Stunden lang. Und sein Balkon ist eine Art Mini-Fitnessstudio mit einem Rudergerät und Hanteln. Auch dort trainiert er viel. Max tut alles, was er kann, um bald wieder zu gewinnen.

Im Juli 2020 gehen die Fahrer wieder auf die Strecke. In der Gesamtwertung liegt Max erneut auf Platz 3, hinter den schnellen Rennwagen von Hamilton und Bottas.
Red Bull ist sehr zufrieden. Max erhält einen weiteren neuen Vertrag, diesmal bis Ende 2023. Viele glauben, dass Max 2021 Weltmeister sein wird. Er fährt immer besser, und sein Auto ist dank des neuen Motors schneller.

Die Journalisten fragen Max, ob er Bottas, die Nummer 2 der Welt, schlagen kann. Max lacht. „Daran bin ich nicht interessiert", sagt er. Denn Max will Hamilton schlagen, den Mann, der bereits sieben Mal Weltmeister geworden ist.

Max ist bereit für den Titel. Er ist auch bereit für eine neue Liebe. Seit Ende 2020 ist er mit dem Model Kelly Piquet, der Tochter eines ehemaligen Rennfahrers, zusammen.

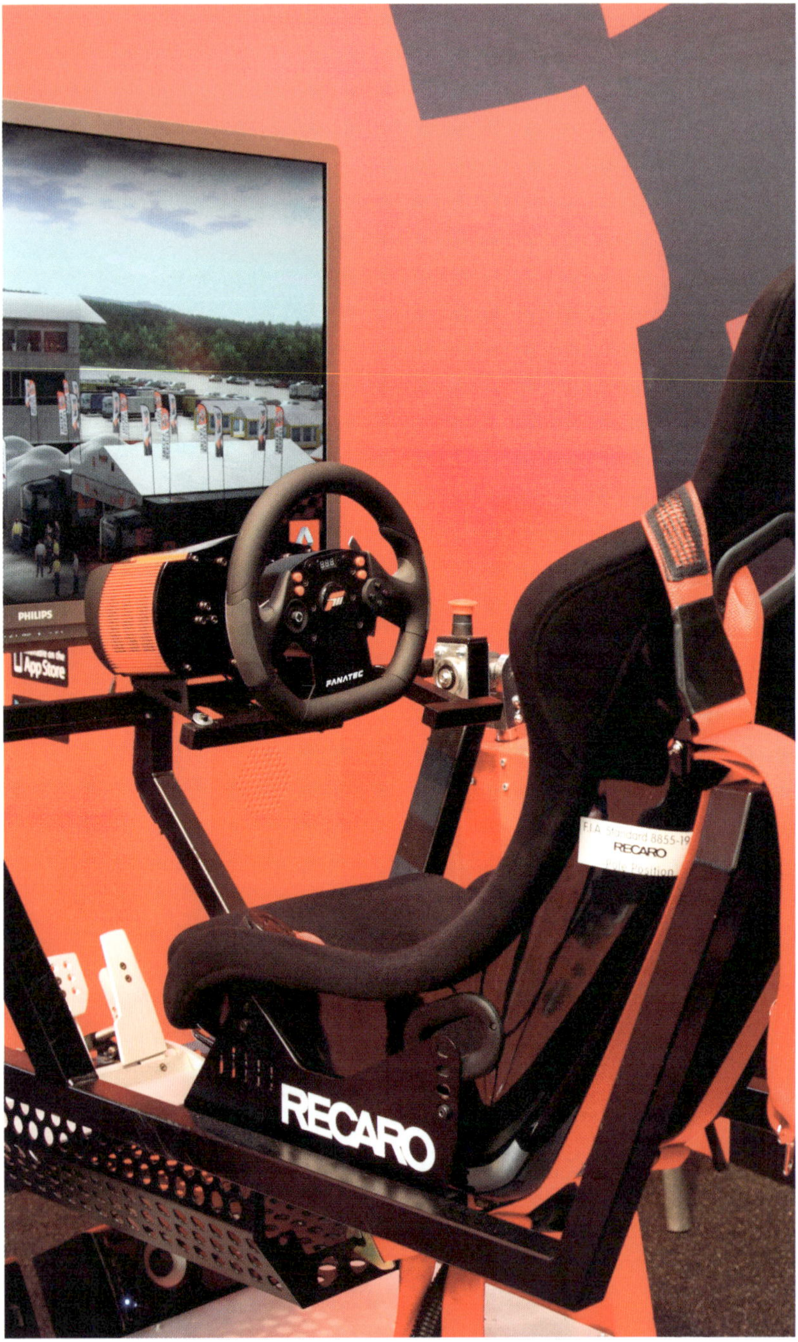
PHILIPS
App Store
FANATEC
RECARO
RECARO

Renn-Simulator

Simulationsrennen (virtuelle Rennen) sind sehr beliebt. Formel-1-Fahrer nutzen es als Training. Und Millionen von Fans tun dies, um ein Rennen so real wie möglich zu erleben.

Was braucht man dafür?
Lenkrad und Pedale sind natürlich auch wichtig. Es gibt Lenkräder, die 100 Euro kosten, aber auch solche, die Tausende von Euro kosten, komplett mit allen Knöpfen und Schaltern! Und es gibt auch Pedale, die einen echten Gegendruck erzeugen. Diese kosten natürlich auch mehr Geld.

Außerdem benötigt man einen Computer, einen Monitor und eine Software, mit der man auf allen F1-Rennstrecken der Welt fahren kann.

Schließlich gibt es noch den Rennsitz, der auf einem Metallrahmen befestigt ist. Es gibt Rennsimulatoren, die sogar einen Aufprall simulieren können. Man kann auch die Vibrationen des Motors spüren und aus einem Lautsprecher hört man das Geräusch von rutschenden Reifen. Genau wie auf einer echten Rennstrecke.

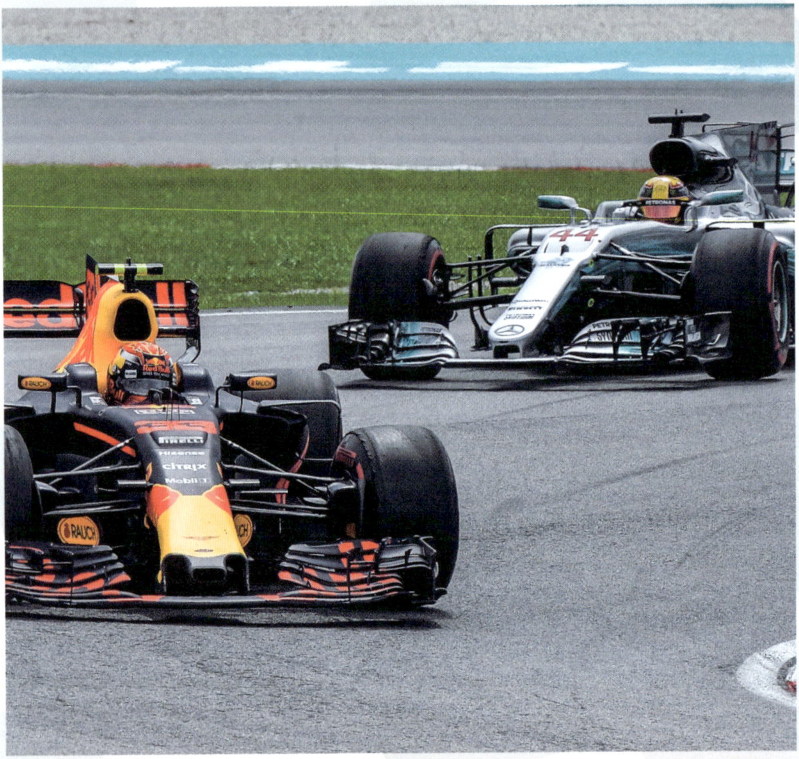

Max und Hamilton sind sich immer auf den Fersen.

9

Mann gegen Mann

Im Jahr 2021 werden Max und Hamilton in jedem Rennen gegeneinander antreten. Manchmal gewinnt Hamilton ein Rennen, ein anderes Mal Max. Sie scheinen beide gleich stark zu sein. Der Reihe nach sind sie auf Platz 1. Das wird eine sehr spannende Saison in der Formel 1!

Am 18. Juli findet das Rennen in Silverstone in England statt. Das ist ein Heimrennen für Hamilton. Er hat hier schon so viele Male gewonnen. Zehntausende von Fans feuern ihn an. Hamilton geht schweigend zu seinem Auto. Wenige Augenblicke später sitzt er im Mercedes, direkt dahinter Max in der ersten Startreihe.

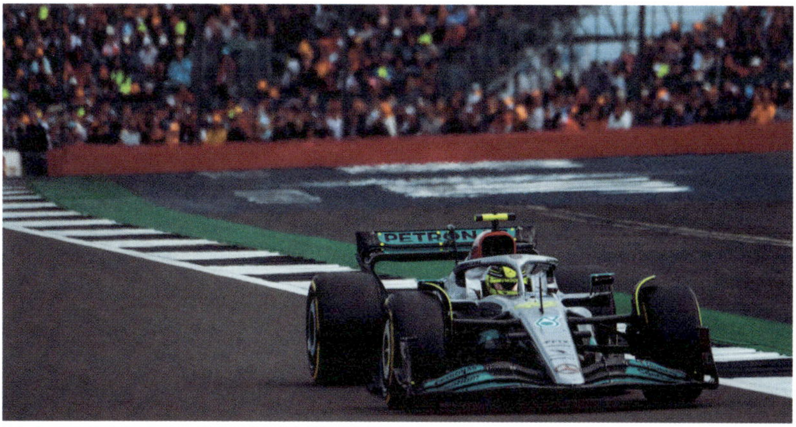

Hamilton auf der Rennstrecke von Silverstone, England

Noch drei Sekunden bis zum Start, noch zwei, noch eine - und los geht's! Beide Fahrer liegen vorne, Hamilton knapp hinter Max. Sie sind ein paar Runden lang schneller als alle anderen.
Dann kommen sie wieder in die schnellste Kurve von Silverstone. Sie können diese Kurve mit 280 km pro Stunde nehmen. Hamilton kommt fast neben Max in die Kurve. Hamilton fährt schräg hinter ihm und nähert sich schnell. Max lenkt nach außen, um Platz zu schaffen. Aber als Hamilton hineinschlüpft, stoßen die beiden trotzdem zusammen!
Max schießt aus der Bahn. Er kracht durch die Kiesgrube, verliert ein Rad und rammt die Stapel von Autoreifen.

Max kann allein aus dem Auto aussteigen. Anschließend geht er zur Kontrolle ins Krankenhaus. Glücklicherweise ist er nicht verletzt. In der Zwischenzeit geht das Rennen wie gewohnt weiter und Hamilton gewinnt das Rennen. Auf dem Podium leert er eine große Champagnerflasche, um den Sieg zu feiern. Er schaut sehr glücklich in die Fernsehkameras. Und er schreit vor Freude.

Max und Jos sehen das alles im Fernsehen im Krankenhaus.

Auf Twitter schreibt er sofort: „Das war eine gefährliche Aktion von Hamilton.“
Außerdem findet er Hamilton mit seinem Jubel „unsportlich”.

Dann stellt sich die Frage: Wer war schuld? War Max zu aggressiv? Oder war Hamilton zu ungeduldig? Der Rennleiter ist der Meinung, dass es hauptsächlich Hamiltons Schuld war. Er bekommt eine Strafe. Beim nächsten Rennen muss er beim Start drei Plätze nach hinten rücken.

Max und das Red Bull-Team sind der Meinung, dass diese Strafe nicht streng genug ist. Immerhin wurde Max von Hamilton von der Strecke gedrängt und hat deshalb keine Punkte holen können. Und die Reparatur des Autos wird mehr als 1 Million Euro kosten! Wer wird das bezahlen? Mercedes? Nein, das muss Red Bull selbst machen.

Zum Glück gibt es nach diesem Rennen eine Sommerpause. Jetzt kann Max sorgfältig nachdenken. Was sollte er verbessern? Wie kann er am besten gegen Hamilton vorgehen?
„Er muss ruhiger werden”, sagt Jos. „Er muss mehr Geduld haben. Dann kann er gegen jeden gewinnen!“

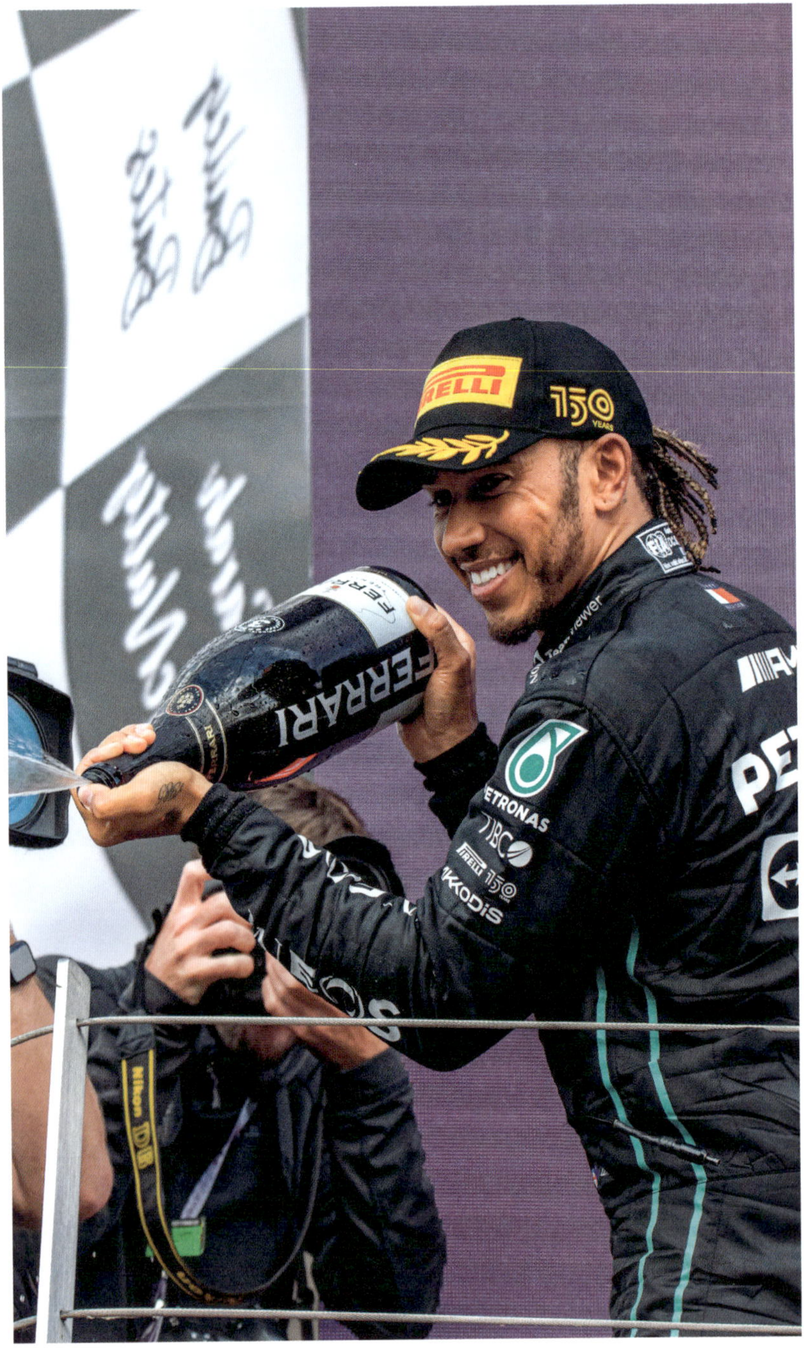

PIRELLI
FERRARI
PETRONAS

Champagner verspritzen

Wenn die Gewinner eines Formel-1-Rennens ihren Sieg feiern, versprühen sie eine große Flasche Champagner. Das sieht schön aus, ist aber auch eine Verschwendung des köstlichen Champagners.

Wie ist dieser Brauch eigentlich entstanden?
Dafür müssen wir ins Jahr 1966 zurückgehen. Damals gewann ein Fahrer ein Autorennen und erhielt danach eine Flasche Champagner als Geschenk. Aber der Champagner hatte den ganzen Tag in der Sonne gestanden. Nach dem Entkorken spritzte das Getränk in alle Richtungen!
Das hat allen sehr gut gefallen. Von dieser „Champagnerdusche" waren Fotos gemacht worden. Diese erschienen in der Zeitung. Und so wurde das Verspritzen von Champagner bald zu einem Brauch im Motorsport.

Übrigens, die Gewinner der Formel 1 bekommen keine normale Flasche. Sie erhalten eine drei Liter fassende Siegerflasche! Für die Fahrer ist die Champagnerdusche keine Verschwendung des Getränks. Als Spitzensportler trinken die meisten keinen Alkohol.

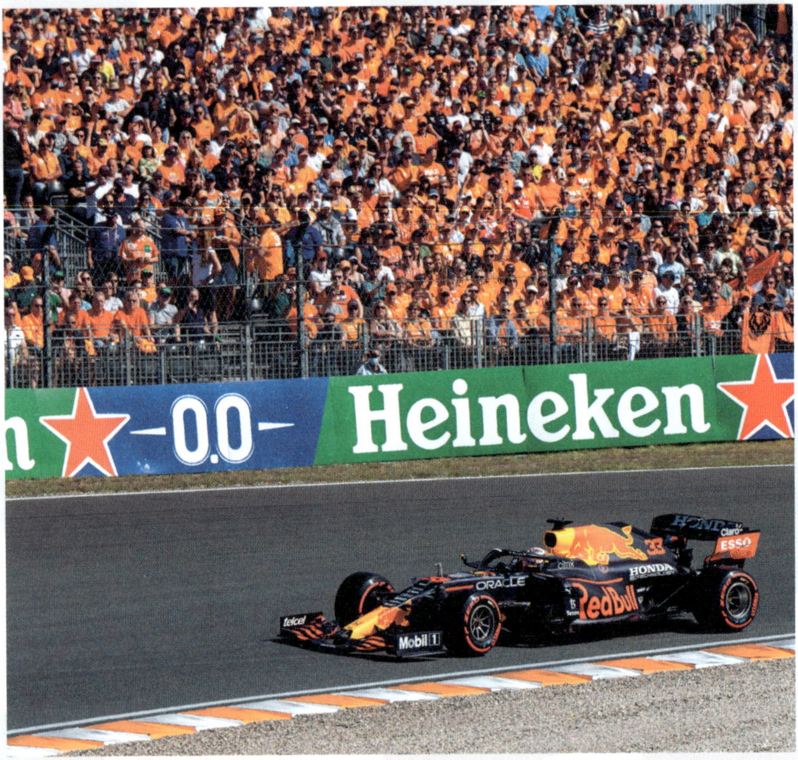

5. September 2021: Max während des Grand Prix von Zandvoort

10

Zandvoort

Die Sommerpause ist vorbei. Es ist Sonntag, der 5. September 2021, und für Max ist es ein Heimrennen. Die Tribünen in den Dünen von Zandvoort sind voll mit Fans in orangefarbenen Hemden. Und zu Hause vor dem Fernseher sitzen 3,5 Millionen Niederländer!

König Willem-Alexander und seine Frau Maxima sind ebenfalls in Zandvoort. Zusammen mit den Prinzessinnen Amalia und Ariane. Der König ist neugierig auf den Rennwagen von Max. Und Max zeigt ihm alles. Er erzählt ihm, dass das Red Bull Team sehr gut im Reifenwechsel ist. Es dauert weniger als zwei Sekunden!

Dann beginnt das Rennen. Max hat einen schnellen Start. Er erreicht die erste Ecke als Erster und die Menge tobt. Max fährt dann ein Rennen ohne Fehler. Für einen Moment wird der Sieg durch Bottas gefährdet. Er führt eine Zeit lang. Aber in einer Kurve fährt Max an Bottas vorbei. Die Fans jubeln. Hamilton und Bottas können nicht mit Max mithalten und Max fliegt auf die Ziellinie zu.

Dort schwenkt der niederländische DJ Tiësto die schwarz-weiß karierte Flagge. Max gewinnt den Großen Preis von Zandvoort!

Max klettert strahlend aus seinem Auto. Der Jubel des Publikums ist groß. Jemand reicht ihm die niederländische Flagge. Kurz darauf betritt er das Podest. Der Champagner spritzt aus den großen Flaschen. Max lächelt. Er sieht fit und entspannt aus. Und das, obwohl er 72 Runden absolviert hat! Max sagt, er sei mit der schnellen Dünenstrecke zufrieden.
„Es ist schön, sich hier auszutoben!", sagt er. Denn das ist es, was er am liebsten mag. Losfahren, schnell fahren.
Auch der König applaudiert für Max Verstappen.
Ein Reporter schreit: „Heute ist Max der König von Zandvoort!"
Jeder kann darüber lachen.

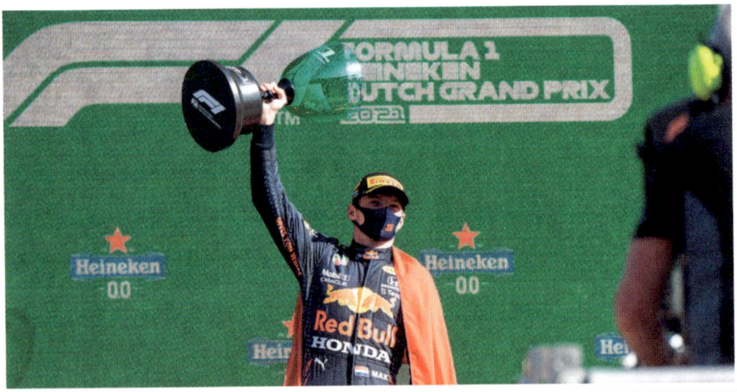

Max auf dem Podium

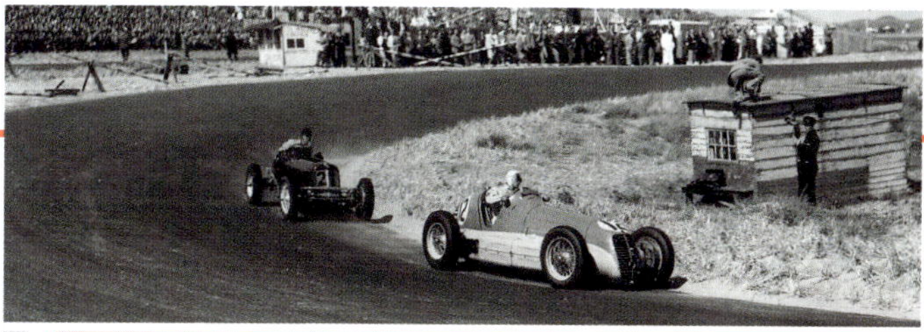

Der erste Große Preis von Zandvoort im Jahr 1948

Der Große Preis von Zandvoort

Kurz nach dem Zweiten Weltkrieg wurde die Rennstrecke in Zandvoort gebaut. Direkt außerhalb des Dorfes in den Dünen. Für den Bau wurden viele Trümmer von Häusern und Hotels verwendet, die im Krieg zerstört worden waren. Zwischen 1952 und 1985 gehörte Zandvoort zu den großen F1-Strecken.
In dieser Zeit wurde der Große Preis von Zandvoort 30 Mal ausgetragen. Vor allem in den 1970er Jahren passierten lustige und schreckliche Dinge. Zum Beispiel fuhr der Fahrer Villeneuve eine Runde auf drei Rädern! Die Menge wartete atemlos, bis er in der Box angekommen war.
Aber es gab auch einen Unfall, bei dem der Fahrer Roger Williamson starb.
Nach 1985 gab es kaum noch Geld für Autorennen und dazu kamen Beschwerden über den Lärm der Rennwagen. Die Formel 1 verließ Zandvoort und kehrte erst 2021 zurück. Und wie! Max Verstappen war der erste niederländische Fahrer, der den Großen Preis von Zandvoort gewann.

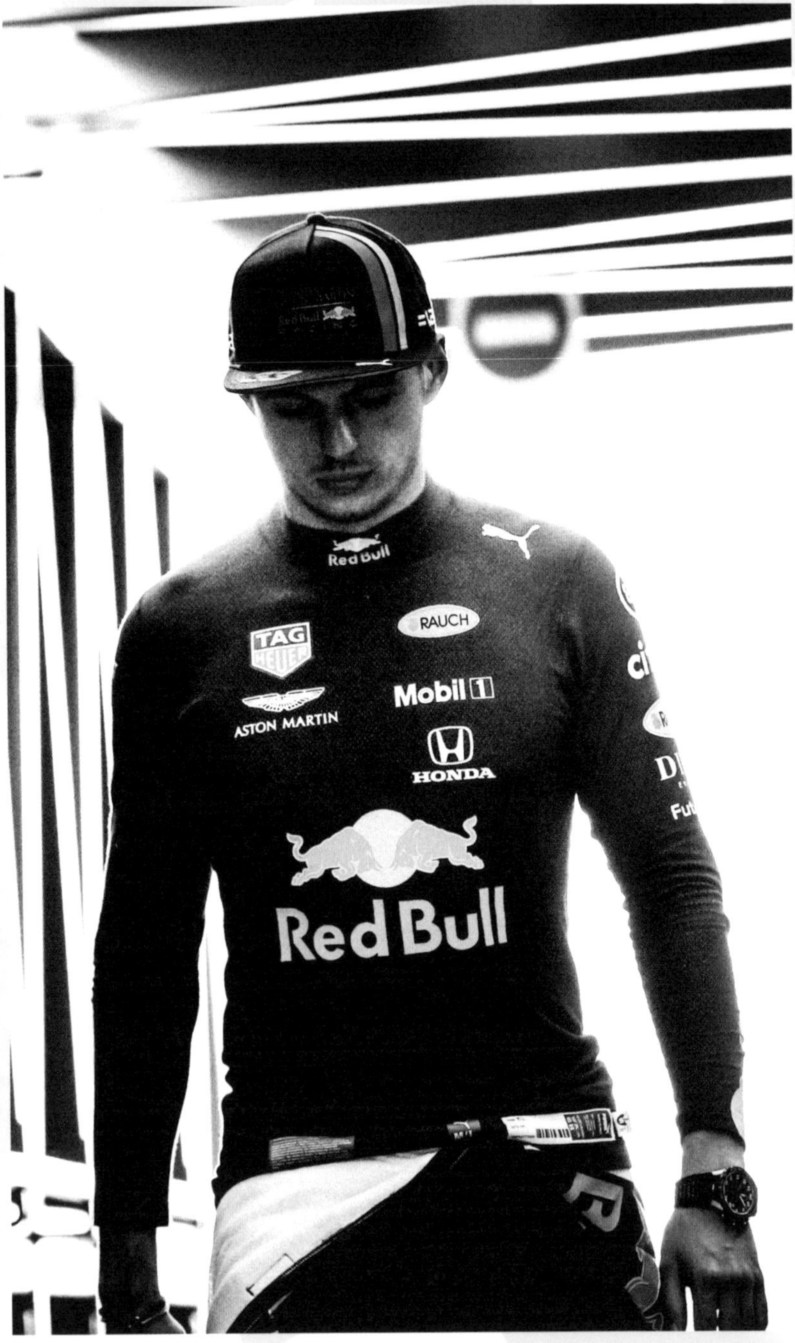
Red Bull
RAUCH
TAG HEUER
ASTON MARTIN
Mobil 1
HONDA
Red Bull

11

Auf dem Weg zum Weltmeistertitel

Das Rennen findet Anfang September auf der Rennstrecke von Monza in Italien statt. Max hat bereits sieben Rennen gewonnen. Und sein Gegner Hamilton vier. Wer wird jetzt gewinnen?

Monza ist keine einfache Strecke. Die Kurven sind sehr schmal. Entlang dieser engen Kurven befinden sich orangefarbene Bodenschwellen. Sie sollen die Fahren daran hindern, abzukürzen.

Max und Hamilton fahren beide weit vor den anderen. Auch in diesem Rennen lassen sie sich gegenseitig wenig Raum. Zu Beginn des Rennens berührten sich die Räder ihrer Autos. Dies geschieht in einer der engen Kurven. Alle sind erschrocken, aber zum Glück gibt es keine größeren Schäden. Sie können weiterfahren. Die Dinge gehen jetzt unglaublich schnell.

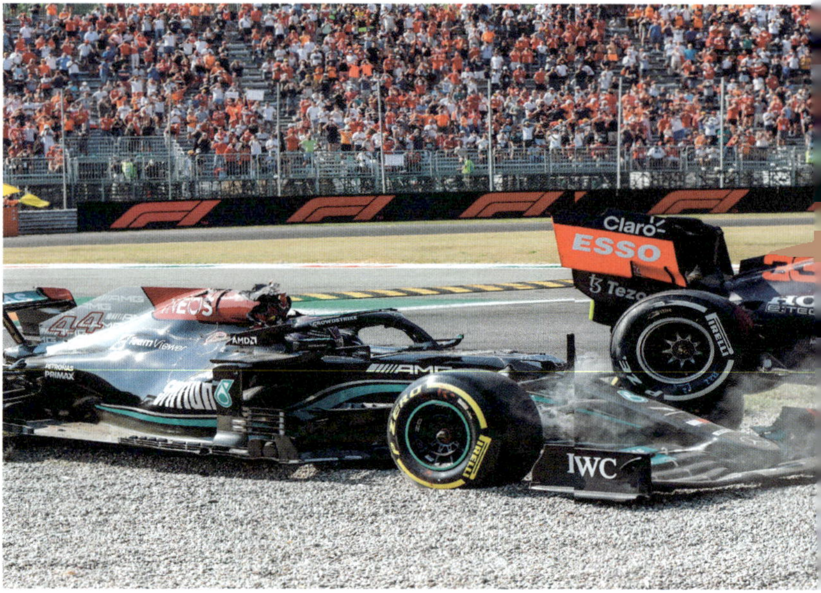

Max und Hamilton stören sich immer wieder gegenseitig, vor allem in den Kurven. An einer Stelle fahren die beiden direkt nebeneinander. Es gibt keinen Platz für Max. Deshalb muss er über die orangenen Bodenwellen fahren. Er ist so schnell, dass sein Auto abhebt. Der Rennwagen fliegt in die Luft und landet auf dem Auto von Hamilton. Das Hinterrad von Max trifft Hamiltons Helm!

Die Menge schreit vor Angst. Wie geht es Hamilton? Ist er verletzt? Nein, zum Glück nicht. Er hat nur Schmerzen im Nacken. Aber beide Autos sind kaputt.
„Dann mach mir Platz!", ruft Max wütend.

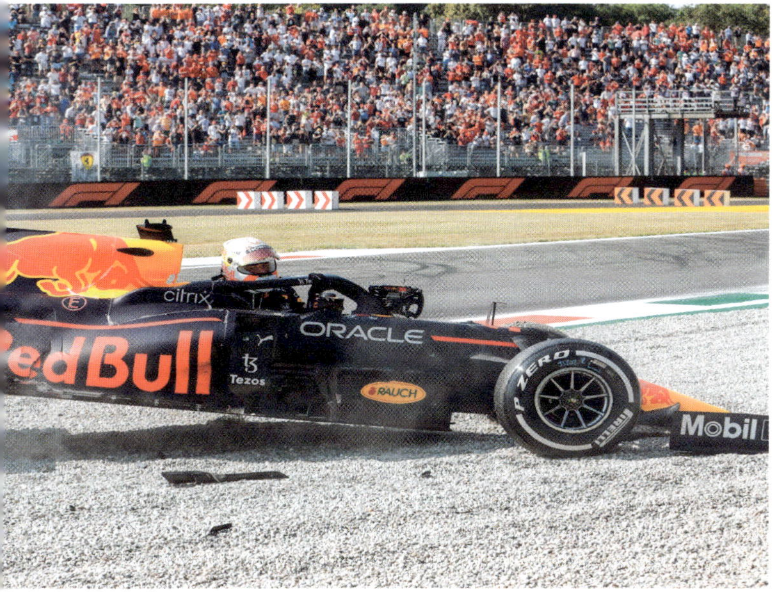

Er steigt aus seinem kaputten Auto aus und geht geradeaus weiter. Er schaut nicht nach, wie es Hamilton geht. Dafür ist er zu wütend.

Max wird für diesen Unfall verantwortlich gemacht. Die Rennleitung erteilt ihm eine Strafe. Beim nächsten Rennen muss Max drei Plätze weiter hinten starten. Ist das fair? War es wirklich die Schuld von Max? Bei Red Bull ist man da anderer Meinung. Sie sind wütend auf das Team von Mercedes.

In der Rennsportwelt spricht jeder darüber. Aber Max schweigt. Er möchte nicht auf Pech oder Unfälle zurückblicken. Das bringt ihm nichts.

Max will nach vorne schauen, auf die nächsten Rennen. Denn der Kampf um den Weltmeistertitel geht weiter. Max muss noch in Russland, der Türkei, den Vereinigten Staaten, Mexiko, Brasilien, Katar, Saudi-Arabien und … Abu Dhabi fahren.

Wir wissen, wie es endet. Max sammelt genauso viele Weltcup-Punkte wie Hamilton. Im allerletzten Rennen, auf der Rennstrecke von Abu Dhabi, wird Max Weltmeister. In der allerletzten Runde besiegt er Hamilton. Max Verstappen ist jetzt ein Sportheld und einer der besten Rennfahrer der Geschichte!

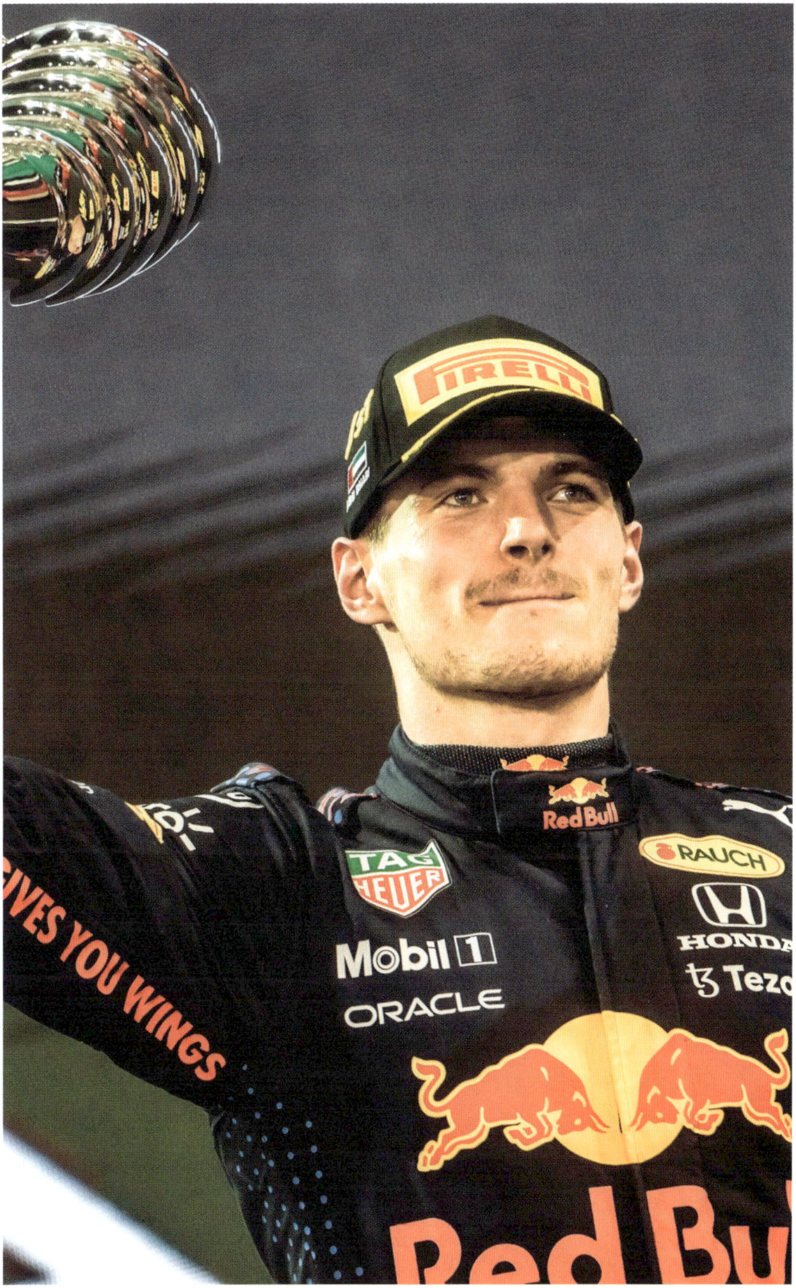

Max wird in Abu Dhabi Weltmeister.

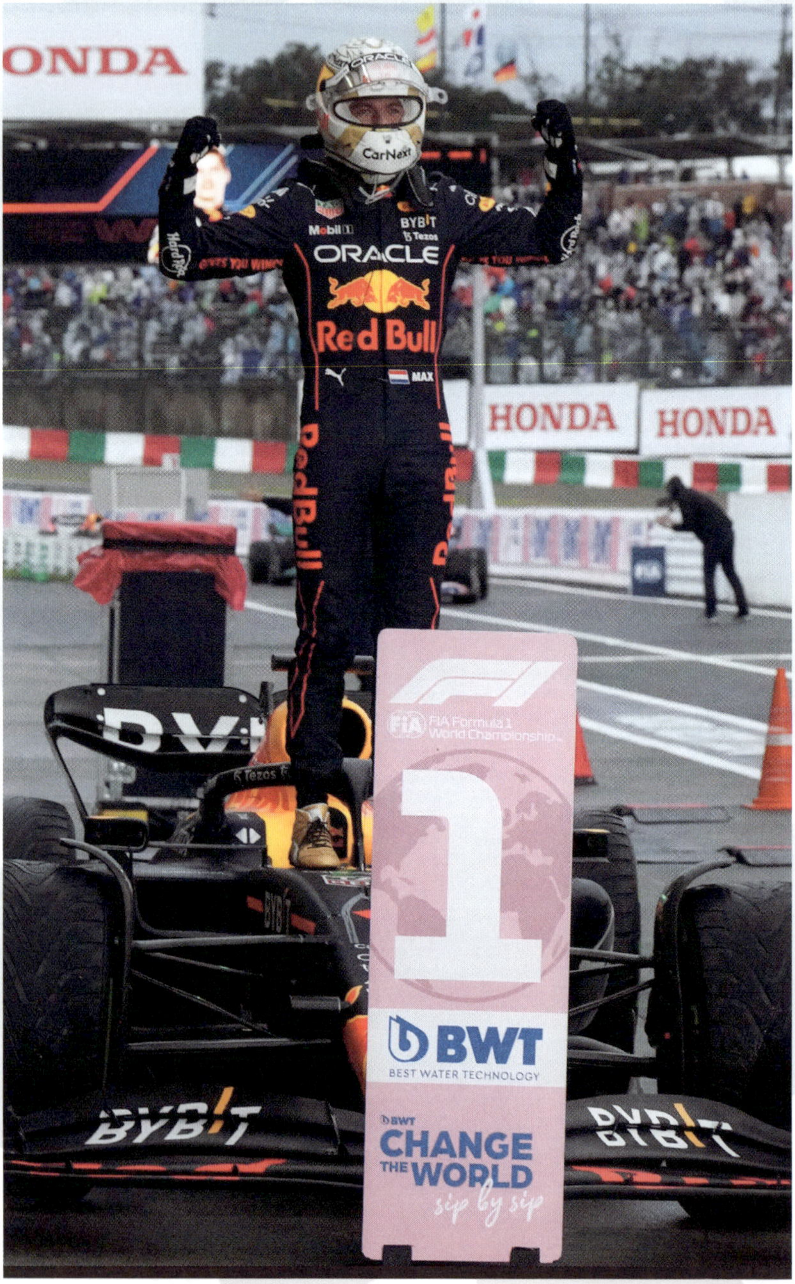

9. Oktober 2022: Max Verstappen wird zum zweiten Mal Weltmeister

12

Zweimaliger Weltmeister

Was können wir noch von Max erwarten, dachten viele Fans im Jahr 2021. Das sollten sie bald erfahren. Im Oktober 2022 wird Max Verstappen wieder Weltmeister! Diesmal passiert es in Japan, mit einem großen Vorsprung vor der Nummer 2, Leclerc.

Das Ganze findet auf der Rennstrecke von Suzuka in Japan statt. Dort erhält Max den Pokal. Der Champagner sprudelt aus den Flaschen. Viele Fans trauen ihren Augen nicht. Max ist erneut Weltmeister. Jetzt schon, obwohl noch vier Rennen zu fahren sind! Vater Jos ist sehr stolz. Sein Sohn hat sich sehr gut entwickelt. Wieder die Nummer 1 in der Welt, der Beste!

In dieser Saison war Max für alle Fahrer zu stark. Genauso wie sein Auto zu stark war, mit dem Supermotor aus Japan. Es gab nie Probleme mit dem Rennwagen von Max. Das Auto tat genau das, was Max wollte. Die Mechaniker von Red Bull haben einen sehr guten Job gemacht.

Und was war mit Hamilton? Er fuhr schlecht, weil er nicht in Form war. Er war der Meinung, dass Max ihm in der vorherigen Saison den Titel weggenommen hatte. Das beschäftigte ihn sehr.

2022 hat Max immer wieder gewonnen, auch in Zandvoort. Es gab eine große Party. Vater Jos weiß, warum Max diesen zweiten Weltmeistertitel so leicht gewonnen hat. Er meint, sein Sohn sei "reifer" geworden. Max kann mit seinen Emotionen besser umgehen als im Jahr 2021. Sowohl auf als auch neben der Rennstrecke. Keine Kämpfe mehr, kein Wahnsinn mehr.

Die Journalisten fragen Max nach dem Jahr 2023. Wird er in der nächsten Saison wieder gewinnen? Kann er 3 Mal in Folge Formel-1-Weltmeister werden? Max lacht. Natürlich kann er das.

Er träumt davon, bald auch Weltmeister in den Jahren 2024, 2025, 2026, 2027, 2028 und 2029 zu sein. Weil Max die Rekorde von Schumacher und Hamilton einstellen will. Sie haben 7 Mal die Weltmeisterschaft gewonnen. Max will 8 Mal Weltmeister werden!

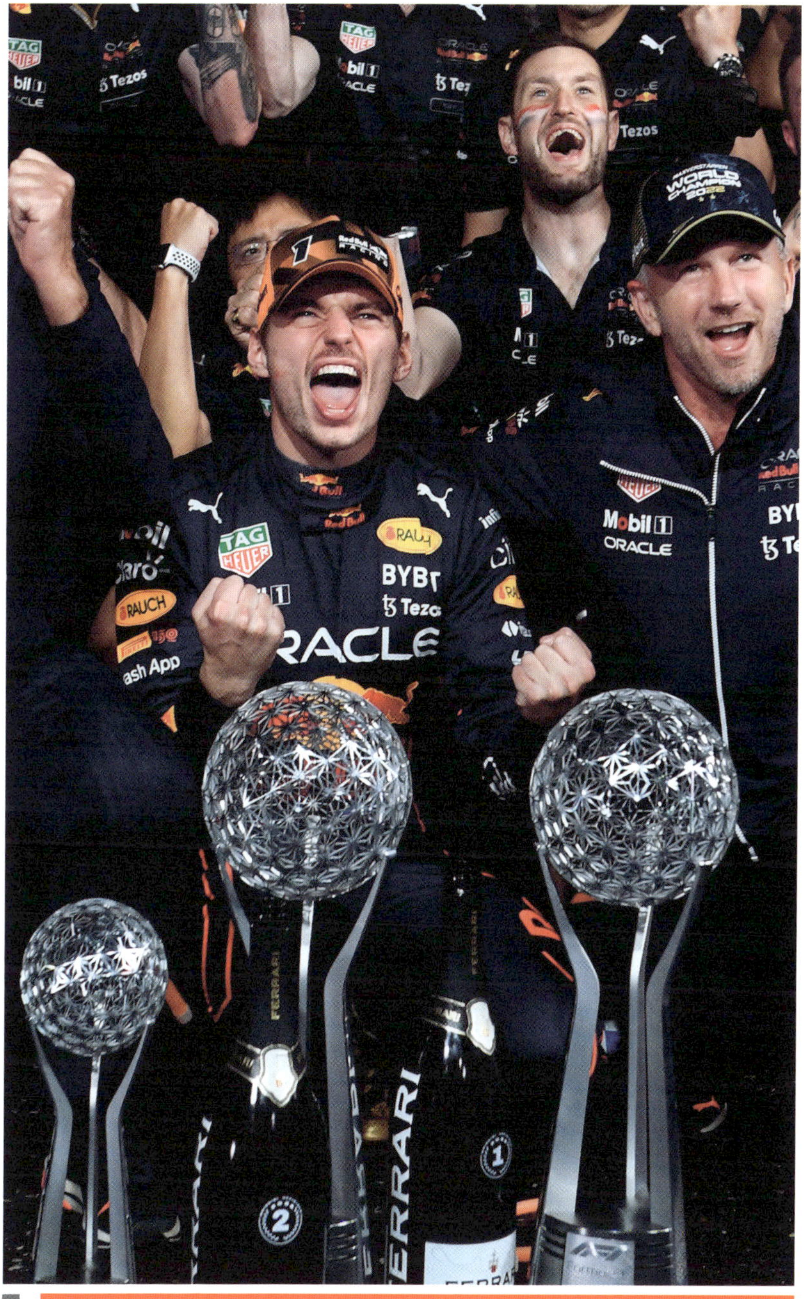

Max Verstappen mit seinem Team in Abu Dhabi

Max’ Rekorde

Jüngster Fahrer, der bei einem Formel-1-Rennen startete: 17 Jahre und 166 Tage

Jüngster Fahrer, der bei einem Formel-1-Rennen Punkte sammelte: 17 Jahre und 180 Tage

Jüngster Fahrer auf dem Podium nach einem Formel-1-Rennen: 18 Jahre und 228 Tage

Jüngster Fahrer, der ein Formel-1-Rennen mindestens eine Runde lang anführte: 18 Jahre und 228 Tage

Jüngster Fahrer, der ein Formel-1-Rennen gewann: 18 Jahre und 228 Tage

Jüngster Fahrer mit schnellster Rundenzeit in einem Formel-1-Rennen: 19 Jahre und 44 Tage

Ergebnisse der Formel 1 WM 2021

1. Rennen in Bahrain. Gewinner: Lewis Hamilton
2. Rennen in Italien. Gewinner: Max Verstappen
3. Rennen in Portugal. Gewinner: Lewis Hamilton
4. Rennen in Spanien. Gewinner: Lewis Hamilton
5. Rennen in Monaco. Gewinner: Max Verstappen
6. Rennen in Aserbaidschan. Gewinner: Sergio Perez
7. Rennen in Frankreich. Gewinner: Max Verstappen
8. Rennen in Österreich (1). Gewinner: Max Verstappen
9. Rennen in Österreich (2). Gewinner: Max Verstappen
10. Rennen in Großbritannien. Gewinner: Lewis Hamilton
11. Rennen in Ungarn. Gewinner: Esteban Ocon
12. Rennen in Belgien. Gewinner: Max Verstappen
13. Rennen in den Niederlanden. Gewinner: Max Verstappen
14. Rennen in Monza (Italien). Gewinner: Daniel Ricciardo
15. Rennen in Russland. Gewinner: Lewis Hamilton
16. Rennen in der Türkei. Gewinner: Valtteri Bottas
17. Rennen in den Vereinigten Staaten. Gewinner: Max Verstappen
18. Rennen in Mexiko(Stadt). Gewinner: Max Verstappen
19. Rennen in Brasilien: Gewinner: Lewis Hamilton
20. Rennen in Katar. Gewinner: Lewis Hamilton
21. Rennen in Saudi-Arabien. Gewinner: Lewis Hamilton
22. Rennen in Abu Dhabi. Gewinner: Max Verstappen